防控疫情 保障人权

中国人权研究会 编

五洲传播出版社

图书在版编目（CIP）数据

防控疫情 保障人权 / 中国人权研究会编. —北京：五洲传播出版社，
2020.11

ISBN 978-7-5085-4511-0

Ⅰ.①防…　Ⅱ.①中…　Ⅲ.①人权—中国—文集　Ⅳ.①D621.5-53

中国版本图书馆CIP数据核字（2020）第211308号

防控疫情 保障人权

编　　　者	中国人权研究会
责任编辑	高　磊
助理编辑	高倩倩
封面设计	杨婧飞
制　　作	北京翰墨坊广告有限公司
出版发行	五洲传播出版社
地　　址	北京市海淀区北三环中路生产力大楼B座6层
邮政编码	100088
电　　话	010-82005927 82007837（发行部）
网　　址	www.cicc.org.cn　www.thatsbooks.com
印　　刷	北京仁艺印刷有限公司
开　　本	787mm×1092mm 1/16
印　　张	11
字　　数	160 千
版　　次	2021 年 1 月第 1 版
印　　次	2021 年 1 月第 1 次印刷
定　　价	48.00 元

目　录

【第一部分】

中国抗疫中的人权保障

一场生命权和健康权的保卫战及其提出的人权思想

——抗疫人权笔记六则

李君如[*]

（《人权》杂志　2020 年第 3 期）

　　一场人类从未见过的新冠肺炎疫情，突如其来降临人间。在中国，在世界，防控疫情成为各个国家社会生活和政治生活共同的主题。显然，疫情的暴发和防控是一个公共卫生问题，但又超出了公共卫生问题的范畴，国家治理问题、外交问题、价值观问题都提了出来，人权问题尤为引人关注。可以说，这是一场波澜壮阔的生命权和健康权保卫战，也是我们进一步思考和研究、完善和发展人权思想的契机。在抗击疫情期间，我陆陆续续写下了一些人权笔记。本来，这些笔记是供自己研究用的，选择六篇发表出来，也许可以和大家一起来研究，推进我们人权思想的发展。

一、抗疫彰显中国人权思想的优势

　　新冠病毒肆虐武汉，中国蒙受大灾。中国抗疫的指导思想很明确，这就是习近平总书记的重要指示："把人民群众生命安全和身体健康放在第一位。"[1]也就是要把人的生命权和健康权放在"第一位"。中国的抗疫这场

---

　　[*]　作者李君如系中国人权研究会副会长、中央党校（国家行政学院）前副校长。

　　[1]　"中共中央政治局常务委员会召开会议 研究新型冠状病毒感染的肺炎疫情防控工作 中共中央总书记习近平主持会议"，《求是》2020 年第 3 期，第 14 页。

人民战争、总体战和阻击战，从人权角度来说，就是一场波澜壮阔的人的生命权和健康权的保卫战。

在全中国人民万众一心防控疫情的整个过程中，党和政府采取的所有决策和措施，包括中期实施的"应收尽收、应治尽治"方针和后期提出的"外防输入、内防反弹"方针等等，都体现了这一重要人权思想。比如：

——发现"不明原因肺炎"，不仅组织专家团队搞清楚病原体，而且要求专家致力于搞清楚会不会"人传人"。

——为防控新冠病毒在武汉、湖北乃至于全国各地人群中传播扩散，果断决定对人口过千万的武汉实施"封城"措施。与此同时，在武汉城内各个社区和全国各地社区实施联防联控、群防群控的隔离措施。

——针对武汉和湖北医疗资源短缺，医务人员自身也被感染患病，患者得不到及时诊治，人民群众生命受到严重威胁的危急状况，党和国家紧急调动军队和全国各地的医务人员以及医学专家驰援武汉，驰援湖北，人数达4万多人。

——为缓解武汉、湖北和全国各地出现的口罩、防护衣、呼吸机等医疗资源严重短缺等紧急情况，保护医务人员和全国各地人民群众的生命安全，国家在动员相关企业加班加点生产的同时，组织其他方面企业立即转产。

——为解决医院和病床短缺，确诊病例和疑似病例急需分开救治的难题，党中央果断决定用最短的时间和最快的速度，建造火神山和雷神山两座医院，并运用军队野战医院的模式改建一批方舱医院，抢救更多患者的生命。

——在抗击疫情、救治患者的日日夜夜，最辛苦的是广大医务人员，从中央开始到各地党组织和政府通过多种形式慰问这些"白衣天使"，关心他们的身心健康，关心他们后方的家属，帮助他们解决后顾之忧。

——为了帮助自我居家隔离的群众解决他们的生活需求，社区工作者和志愿者不仅登门了解，还努力提供服务，为居民们排忧解难。

——在抗疫最紧张的时候，国务院新闻办公室每天组织一场又一场新闻发布会，以最权威的形式，向国内外媒体通报，把人民群众最关心的信息告诉大家。

——对于广大群众普遍关心的问题，以及来自群众的举报，及时组织有关部门进行调查核实，并以公开透明的形式向全社会报告调查结果。

——纪检监察部门在调查核实基础上，对于那些形式主义、官僚主义严重的干部，那些作风漂浮、一问三不知的干部，那些失职的干部，一一加以处罚。

这样的例子还可以列举很多。至少在这十个方面的决策或举措中，我们可以体会到，贯穿于这些决策或举措之中的行动指南就是：把人的生命权和健康权放在"第一位"的人权思想。

我们之所以能够一以贯之而又全方位地坚持这一人权思想，不是偶然的。对于领导我们事业的核心力量中国共产党来说，尤为如此。一是因为我们党是用历史唯物主义武装起来的，懂得"全部人类历史的第一个前提无疑是有生命的个人的存在"[2]；二是因为我们党的根本宗旨是全心全意为人民服务，在中国特色社会主义新时代始终坚持以人民为中心的发展思想，懂得生命安全和身体健康关系到每一个群众的切身利益；三是因为我们党是中华民族优秀文化传统的继承者，懂得"民惟邦本""人命大于天"，十分珍惜人的生命。

难能可贵的是，这一人权思想在经受这次疫情大考的时候，获得了 14 亿中国人民的广泛认同。从全局讲，我们之所以能够在那么短的时间里，在疫苗还没有研制出来的情况下，赢得防控新冠肺炎疫情的重大胜利，归根到底，靠的是以习近平同志为核心的党中央的坚强领导，靠的是中国特色社会主义制度和国家治理体系的优越性，靠的是 14 亿中国人民能够众志成城抗击疫情。从人权这个角度讲，可以说，这次中国人民抗击新冠肺炎疫情的斗争，有力地彰显了中国人权思想的优势。

二、人权思想研究的实验室

这场人的生命权和健康权的保卫战，也是对中国和各个国家人权思想难得的大考。

---

[2]《马克思恩格斯文集》第 1 卷，第 519 页。

　　之所以说"难得"，是因为自然科学为了避免干扰可以在真空里做实验，社会科学研究没有真空的环境。社会活动不仅有思虑和激情的人参与在内，而且参与在内的人往往有对立的人群乃至阶级，要揭示社会活动的规律非常不容易。这次防控疫情，尽管也有人为的因素在干扰，但它不是人与人之间你死我活的斗争，而是人与病毒之间你死我活的斗争。有位援鄂医务人员说："这个疾病完全颠覆了我们之前的临床经验和医学知识。相当于你被敌人干掉了，连他长啥样都没见到，就是这样的感觉。"在这场斗争中，人类处于斗争的一方，新冠病毒处于斗争的另一方。在这样的条件下研究人权问题，可以比在其他条件下更为客观。

　　"病毒面前人人平等"这句话，不仅告诉我们人类是个休戚与共的命运共同体，谁也不可能独善其身，而且告诉我们人类尊重和保护人权的终极目的就是尊重和保护人类自身。可以说，这次大疫为我们提供了一个人权研究的社会实验室。我们可以在防控疫情中仔细观察和深入研究人权问题和人权思想。它比第二次世界大战那样的战争更能够使人懂得人类为什么要尊重和保障人权、什么才是人之为人的基本权利。

　　从中国联防联控疫情开始，到中国鼎力支持全球抗击疫情，世界各国对中国高度评价、赞誉不断。但是，也有些人对中国人权质疑的杂音一直没有中断过。在这次大疫提供的人权思想实验中，我们不可能把那些杂音像自然科学那样从实验器中排除出去以形成一个真空的实验条件，但这些杂音也可以帮助我们从反面研究他们口中的人权有哪些致命的问题。在这个问题上，我们感受特别深刻。在新冠病毒向人类开战的时候，有些人不是把炮火对准人类的共同敌人病毒，而是从背后向正在同新冠病毒战斗的中国人民打冷枪。从"吹哨人"事件到武汉封城、各地社区群防群控，从医疗设备短缺、医院人满为患到快速建造火神山雷神山医院，一直到中国在比较短的时间内控制疫情蔓延，取得阶段性胜利，在中国抗疫的每一个阶段，都有人抹黑中国的人权保障。从"真正的东亚病夫"到各种各样对中国污名化言论，从"阴谋论""信息隐瞒论"到"中国赔偿论"，几乎每一种抹黑的声音都指向中国的人权保障。

　　世界这么大，又这么复杂，出一些奇谈怪论并不奇怪。但有一点可以肯定，新冠病毒不会因为某些人对它的"优惠"而给他们优惠，相反，新冠病毒促使我们对究竟什么是人权，怎么从根本上尊重和保障人权，进行比以往更加深入的思考。人类的人权思想，是在灾难中成熟起来的。这次大疫大灾，也应该促进人权思想的深化和成熟。否则，我们也太对不起那些在抗疫中作出巨大贡献甚至牺牲的英雄了！

三、从生命权与自由权的选择看自由主义人权观的致命问题

在这次抗疫进程中，是把人民的生命安全和身体健康放在第一位，还是像传统的自由主义人权观主张的那样，把个人自由放在第一位，成为各个国家在抗击新冠肺炎疫情决策时最为纠结的一件事。人权领域多年来的争论及其背后的思想理论分歧，这次以最直接也最尖锐的方式突显在我们面前。

把人民群众的生命安全和身体健康放在第一位，是中国抗疫的指导思想。根据这样的指导思想，中国党和政府采取了一系列震惊世界的重大举措，最突出的有：一是对武汉这样上千万人口的大城市实施"封城"；二是在武汉城内和全国各个城镇实行社区联防联控、群防群控的隔离措施。中国感染病学专家指出，遏制传染病流行的最佳举措就是通过人群隔离切断传染源。这是科学，但也是维护人权。派出大量医务人员去救治患者，是维护人的生命权和健康权；把感染病毒的人群与没有患病的人群隔离开来，也是维护人的生命权和健康权。但有些人喋喋不休地指责中国，说这是侵犯公民自由行动的权利。于是，问题发生了，在新冠病毒肆虐的时候，究竟是应该把维护人的生命权和健康权放在第一位，还是应该把维护人的自由权放在第一位？中国党和政府的决策是，把保障和维护人的生命权和健康权放在第一位。这有什么错呢？

有专家做过研究，凡是在疫情刚发生时对社区人群不采取严格隔离措施的，感染病毒致死的人就多。包括那些经济比我们发达，医疗卫生设施比我们健全的西方发达国家，如果不采取措施切断传染源，大多会沦陷。那么，他们为什么不愿意像我们一样采取果断的隔离措施呢？这里，有对病毒危害性认识不够（如把新冠病毒看作是流感）的问题，有两党制或多党制制度下

党派之间相互牵制的问题，有经济利益及其背后资本力量作用的问题。所有这些因素中，最深层次的问题，是自由主义的价值观包括自由主义的人权观，在其中发挥了极大的作用。

自由主义人权思想从提出、形成到不断演变有悠久的历史，也曾经在反对封建专制主义中发挥过积极的作用。尽管这一思想在其漫长的发展进程中，在社群主义人权观、国家主义人权观的质疑下，以及在社会主义人权观的斗争下，形成了不同的流派，但其核心思想追求的是个人自由的权利，这一点始终没有变。在他们看来，个人主义是人权的出发点，自由是人权的核心，权利是人权的基石。凡是妨碍个人利益、限制自由行动的做法，都是侵犯人权。在这次抗击新冠肺炎疫情过程中，仅仅为要不要戴口罩这样在我们看来非常小的事，西方许多国家都会在全社会包括领导层中发生争论，其原因就在于他们认为这是侵犯了个人自由的权利，而其结果就是感染病毒和死亡的人数急剧增加。认为个人自由高于人的生命，是自由主义人权观致命的问题，或者说，自由主义人权观会"致命"。

四、辩证认识人的生命权和健康权

在抗疫进程中，把人的生命权和健康权放在第一位，是中国这次抗疫成功的重要经验。我们是用辩证唯物主义武装起来的，懂得社会发展的规律，懂得社会问题的复杂性，在研究人权思想时，也必须辩证地认识人的生命权和健康权。

当我们讲人的生命权和健康权的时候，这里的"人"既是单数的人，也是复数的人。单数的人，就是个人。如果把尊重和保护人的生命权和健康权，都理解为个人的生命权和健康权，那么，他人需要大家保护和救治的时候，谁来承担这一义务呢？显然，我们既要尊重和保护个人的生命权和健康权，也要尊重和保护他人的生命权和健康权。因此，我们所讲的"人的生命权和健康权"，应该是包括你我他在内的复数的"人民的生命权和健康权"。由于我们每一个个人都是人民的一员，尊重和保护人民的生命权和健康权也就是尊重和保护我们每一个个人的生命权和健康权；同时，每一个个人又都有义务尊重和保护他人和全体人民的生命权和健康权。在一定的条件下，个人还要准备奉献自己的自由甚至牺牲自己的生命去救治和保护全体人民的生命权和健康权。为什么我们把这次驰援武汉的军地医务人员称为"最美逆行者"？就是因为他们在武汉封城后还要冒着有可能被病毒感染的风险逆行在去武汉的征途上。事实上，不仅是驰援武汉、湖北的军地医务人员是"最美逆行者"，武汉、湖北当地的医务人员和全国各地战斗在抗击新冠病毒第一线的医务人员都是"最美逆行者"。因为，他们天天和新冠病毒近距离接触，冒着被病毒感染甚至可能夺去生命的危险。

　　同样的道理，对于这些"最美逆行者"的生命权和健康权，我们要格外尊重和保护。在整个抗疫过程中，我们都怀着十分敬重的心情祈祷他们能够平平安安。上海《解放日报》一篇报道中有一些细节，值得我们一读。上海首批援鄂医疗队队长郑军华说："在武汉工作的日子，上海市委市政府领导定期与前线视频连线，详细了解医疗救治进展、物资后勤保障，关切询问日常生活情况。"上海华山医院副院长马昕也说："虽然离家很久，却仿佛没离开过，有市委市政府作为家一般的大后方的支持，我们在前线义无反顾。后方做了最好的安排，照料了我们的家人，让前线战士没有后顾之忧！"上海瑞金医院副院长胡伟国说："当我们抵达武汉时，城市犹如睡着了，看到的是医疗装备和物资不足的困境，看到的是一批批病危的重症患者……最艰难时，最缺乏信心时，是市委市政府通过前方指挥部，予以前线充分的指导和关爱。为医疗设备、防护物资不足担忧时，一批批呼吸机、监护仪、防护服送来了；思念家乡、想念亲人时，一道道'上海的味道'送来了；在疫区面对种种困难、情绪波动时，安抚紧绷情绪的心理医生派来了……"[3]这篇报道让我们知道了地方党委是如何关心这些"最美逆行者"的，让我们既形象又深刻地理解了什么是党的领导，也让我们这些关心"最美逆行者"的人感受到无比的欣慰。既千方百计保护患者的生命权和健康权，又千方百计保护救治者的生命权和健康权，这就是我们所理解的全面的生命权和健康权

---

[3]　"去时暖江城，归时江城暖"，《解放日报》2020年4月1日。

——人民的生命权和健康权。

在这次全民抗击新冠病毒的过程中，不仅医务人员包括医学专家，还有广大民警、社区工作者、志愿者以及交通运输、医疗用品企业、金融等部门的干部职工，都为救治患者和切断病毒传染日夜奋斗。他们为维护广大人民的生命权和健康权作出了极大的贡献。如果因为自己遇到某些不畅就加以责难，甚至全盘否定他们的奉献，不符合事实也是不应该的。当然，更不能用某些个人身上发生的问题抹煞全社会为尊重和保护广大人民的生命权和健康权所作出的贡献。

在中国漫长的历史上，有人为了大我而牺牲小我，甚至不惜牺牲自己的生命，也有人贪生怕死、苟且偷安，甚至在外敌入侵时为保全自己的生命甘当臭名昭著的汉奸。我们决不允许任何人用诸如此类懦夫的行为来玷污"尊重和保护人的生命权和健康权"这一崇高的人权思想。我们在这里讨论如何理解个人在对待生命权和健康权问题上的正确立场，就是不能只强调个人而不顾及广大人民的生命权和健康权。

综上所述，对于"人的生命权和健康权"一定要辩证地加以理解，正确认识"个人的生命权和健康权"同"人民的生命权和健康权"之间的辩证关系，决不能用个人主义价值观曲解"人的生命权和健康权"。

五、辩证认识人有权享有的生命和自由

"人人有权享有生命、自由和人身安全"，早已写在《世界人权宣言》之中。但在人权思想的实践过程中，人的生命和自由这两项基本人权的关系如何处理，历来是一个复杂的问题。这次疫情大暴发过程中，这一问题的争论也最大。因此，我们不仅要辩证地理解人的生命权和健康权，还要辩证地理解人有权享有的生命和自由之间的关系。

人的生命和人的自由是人所追求的基本人权，我们尊重和保护人的生命权，也尊重和保护人的自由权。对此，我们既不能顾此失彼，也不能厚此薄彼。在一定的条件下，我们可以强调某一方面权利，但这决不等于要否定另一方面权利。我们在抗疫过程中强调要"把人民群众生命安全和身体健康放在第

一位"，并非要否定人的自由，而是在安全的环境中让大家享受健康和自由，保证大家能够健康地自由地生活。同样，我们尊重别的国家强调和选择个人自由，但作出这样选择的国家及其政客也不要抹黑我们对人民群众生命权和健康权的保护，以及我们为人民群众能够自由自在地生活所作出的一切努力。

应该讲，在一般情况下，在人的生命和人的自由这两项基本人权的相互关系中，人的生命是必要的前提。若无人的生命，何来人的自由？显然，要实现人的自由，首先要保障人的生命。我们面对置人于死地的新冠病毒，唯有先全力抗疫，保护亿万人民的生命安全和身体健康。在抗击疫情的同时，确保人群不会受到伤害的自由活动环境，这是对人民最负责的正确决策。中国共产党人为了人民的自由解放，作出了巨大的牺牲；同时，中国共产党人十分珍惜人的生命。即使在革命战争年代，也是如此。共产党人不仅对自己的战士、对人民群众，竭尽全力保护他们的生命，即使是对战场上的敌人也实行"缴枪不杀"的原则。毛泽东说过："战争的目的不是别的，就是'保存自己，消灭敌人'"。并且指出："消灭敌人，就是解除敌人的武装，也就是所谓'剥夺敌人的抵抗力'，不是要完全消灭其肉体。"[4]

与此同时，我们也知道，多少先烈不惜牺牲自己的生命去争取自由。在外国有裴多菲的"生命诚可贵，爱情价更高，若为自由故，两者皆可抛。"在中国有夏明翰的"砍头不要紧，只要主义真，杀了夏明翰，还有后来人。"这种为自由而作出的牺牲无比崇高，让人敬仰。正如毛泽东在"人民英雄永垂不朽"的碑文中所写下的："为了反对内外敌人，争取民族独立和人民自由幸福，在历次斗争中牺牲的人民英雄永垂不朽！"

在这里，还需要指出，如同人的生命权有个人的生命权和人民的生命权一样，自由也有个人的自由和人民的自由之分。裴多菲、夏明翰争取的自由，都是人民的自由、民族的自由，而不是个人的自由。当然，维护人民的自由，不能损害个人的自由；保障个人自由，也不等于可以伤害他人的自由，更不能无视人民整体的自由。而为了保障人民的自由，对于个人自由来讲，并非

---

[4]《毛泽东选集》第2卷，第482页。

没有代价。

总之，人的生命和人的自由作为两项基本的人权都十分重要，但又要区分不同的情况，正确地处理好这两者之间的关系。

六、把"生存权和发展权是首要的基本人权"从"原则"深化为"体系"

自从1986年12月联合国通过《发展权利宣言》以来，越来越多人认识到"发展权利是一项不可剥夺的人权，由于这种权利，每个人和所有各国人民均有权参与、促进并享受经济、社会、文化和政治发展，在这种发展中，所有人权和基本自由都能获得充分实现"。和世界上许多发展中国家一样，我国十分重视发展权，一再强调生存权和发展权是首要的基本人权。

这次抗击新冠肺炎疫情，我们和世界各国都遇到了一个新情况：为了维护人的生命权和健康权，一些举措严重地影响了经济的发展，影响了人们享有的发展权。在中国，以习近平同志为核心的党中央为了解决这一突出问题，提出要统筹抓好疫情防控和经济社会发展，并采取有效措施，在抗击疫情取得阶段性胜利的同时有序推进复工复产。这是一个关系到全国人民切身利益和国家发展大局的极其重大的决策。这个新情况和应对新情况的决策，显然也涉及人权问题，要求我们人权理论工作者也要深化"生存权"和"发展权"之间关系的研究。

2018年10月，在南开大学为纪念《世界人权宣言》发表70周年而举行的国际研讨会上，我以"从《世界人权宣言》的源头看生存权发展权"为题，作过一个发言。其中，我谈到，人成为人的第一天起，要保障的是什么？是人的生命权。而人的生命要存续，就要解决人的衣食住行，为此就要生产维护自己生命所需要的一切。这就是整个人权思想的逻辑起点。在这个逻辑起点上，所要尊重和保障的人权是什么？就是人的生存权和发展权。人的其他权利，包括经济、社会和文化权利，也包括公民和政治权利等，都是在维护和保障人的生存权和发展权中产生的。在那篇发言中，我提出了一个观点：生命权是整个人权思想的逻辑起点。但是，我没有对生命权和生存权的关系、生存权和发展权的关系进行更多的阐述。多少年来，我们只是从原则上强调生存权和发展权是首要的基本人权，而没有对生存权和发展权及其相互关系作深入研究。近几年，我们对发展权还有一些研究，对生存权中的健康权也有一些研究，但对生存权的研究相对更少一些。但是，这次抗击疫情的斗争恰恰把生命权和健康权以及整个生存权问题突显出来，特别是把生存权和发展权的矛盾突显出来，我们不能再熟视无睹！

那么，有哪些课题需要我们深入研究呢?

一是"生存权"的内涵。从习近平总书记提出"把人民群众的生命安全和身体健康放在第一位"起，我们不仅体会到生命权和健康权有多么重要，而且体会到生命权和健康权都应该属于生存权，这些人权是尊重和保障发展权的前提，但生存权不等于发展权。也就是说，生存权也应该有自己独特的内涵。这是需要我们深入研究的课题。

二是生存和发展、生存权和发展权的关系。一般而言，生存和发展是互为条件的，生存权和发展权也是紧密联系的。但这次疫情告诉我们，它们两者之间在一定条件下又是相互对立的。怎么讲清楚这两者的关系，也是需要我们深入研究的课题。

三是生存权和发展权作为首要的基本人权，仅仅是一项人权原则，还是一个具有自身思想内涵的理论体系。如果我们能够深化对这一原则的研究，就可能形成一个类似于马斯洛需要层次理论（生理需求应用、安全需求应用、社交需求应用、尊重需求应用、自我实现需求应用）那样的人权需要层次理论。这样，我们就可以突破多年来在西方中心主义思想下形成的人权认识秩序"三代理论"，依据历史唯物主义形成以生命权为逻辑起点的生存权和发展权的人权理论及其自身逻辑。

抗疫基本人权保障，中国可圈可点

张永和[*]

（《环球时报》 2020 年 2 月 15 日）

2019 年底，新冠肺炎疫情从武汉暴发，随后蔓延全国，甚至波及其他国家和地区。当地时间 1 月 30 日晚，世界卫生组织宣布这一疫情已经构成"国际关注的突发公共卫生事件"。国际社会对中国抗击疫情的斗争纷纷表示同情并提供支持。当前，中国人民在中国共产党的坚强领导下，正奋力打赢新冠肺炎疫情防控阻击战。令人遗憾的是，西方个别媒体和所谓智库对此视而不见，反倒落井下石，借机指责中国"侵犯人权"。

针对武汉市政府为防止疫情蔓延而采取的限制外出行动措施，那些媒体和智库煞有其事地说政府"限制武汉及周边地区人民迁徙自由权"；指责中国政府于 1 月 23 日起管制武汉及附近城市居民出城，禁止所有车辆在市中心通行，至少 5600 万人被禁足，导致医疗和其他生活必需品匮乏。听起来正义感爆棚，其实是反人类的邪恶声音！

当政府已经确认新冠肺炎可"人传人"时，在这种可能形成大规模传染的情况下，政府唯一的选择就是尽快阻断传播源。这是一个稍微有一定判断能力的人都知道的简单道理。因此，不难看出，他们迫不及待地将"限制武汉及周边地区人民迁徙自由权"直接扯到政府对公民人身权利侵犯的话题上来，是牵强附会，是睁眼说瞎话。

---

　　[*]　作者张永和系西南政法大学人权研究院执行院长、教授。

在 2003 年战胜"非典"之后，基于突发事件的不可预测性，全国人大常委会于 2007 年 8 月颁布了《中华人民共和国突发事件应对法》，该法涉及的突发事件包括自然灾害、事故灾难、公共卫生和社会安全四类。对于被定性为"国际关注的突发公共卫生事件"的新冠肺炎疫情，中国政府应该如何应对，该法有清晰明确的规定。

此类事件的处置，所依据的法条有第四十九条第二款，"迅速控制危险源，标明危险区域，封锁危险场所，划定警戒区，实行交通管制以及其他控制措施"。这里的危险源就是病毒传染源。随着疫情在整个武汉市的蔓延，进行全市的控制就成为必然。至于如何控制，《突发事件应对法》第四十九条第四款规定，"关闭或者限制使用有关场所，中止人员密集的活动或者可能导致危害扩大的生产经营活动以及采取其他保护措施"；第五十条第二款规定，"对特定区域内的建筑物、交通工具、设备、设施以及燃料、燃气、电力、水的供应进行控制"；第五十条第三款规定，"封锁有关场所、道路，查验现场人员的身份证件，限制有关公共场所内的活动"。法律规定如此清晰，在突发事件发生时，个人权利有所克减是必要的，这也是基本的常识。武汉市政府所采取的措施，不仅是依法行为，也是基于科学判断做的正确做法。

不得不承认，此类突发事件来势之凶猛，任何一个现有机制都需要调配磨合过程，无论是医疗体系还是其他的供给体系，都会出现一时跟不上的情况。而某些所谓的智库却将之歪曲为医疗机构和卫生专业人员无法应对此次大规模疫情，中国政府"侵犯患者健康权"，导致患者"被拒门外，且设备无法进行必要的诊断测试"，"未能确保所有感染者获得适当卫生保健"。事实上，类似事件发生在任何国家，在一段时间内都会遇到物资紧缺、设备不齐、医疗人员不足等情况。

中国政府采取的应急防控措施非但不应被指责，相反应该得到褒扬。有哪一个国家在短短 10 天之内能够完成两个容纳上千张床位、设备齐全的临时医院建设？有哪个国家有能力在 10 多天之内从全国聚齐上万医疗人员到达疫情严重地区？有哪个国家能在几天之内，全国上下齐心协力，将疫情防控工作落实到每一个社区？人们从中看到了中国社会强大的凝聚力，看到了中国政府挺身而出，在突发灾难面前敢于承担责任的态度。

世界卫生组织总干事谭德塞 1 月 30 日晚发表声明说，中国政府采取了非同寻常的措施来遏制疫情，"中国应该得到感谢与尊敬"。他说，"如果不是政府的努力，以及他们在保护本国人民和世界人民方面取得的进展，我们现在可能已经在中国以外看到了更多病例，甚至可能是死亡。"

突发事件，特别是公共卫生突发事件，是全人类共同面临的问题，任何国家都不能独善其身。德国著名社会学家乌尔里希·贝克在 1986 年出版的《风险社会：迈向一种新的现代性》中，首次以"风险社会"的概念来描述当今高度发达的现代社会，并从社会学层面反思、批判现代性出现以来风险因素日益突出的社会现象。今天，随着世界的扁平化，风险已无处不在，无时不在。突发事件就是"风险社会"的最好注脚。

国际社会此时最应该做的是团结一致，秉持人类命运共同体意识，共同应对新冠肺炎疫情的挑战，维护世界各国人民的生命安全和身体健康。

中国在抗击新冠肺炎疫情中保障人权

柳华文 *

（《人民日报》　2020 年 4 月 27 日）

病毒没有国界，疫情不分种族，战胜疫情不仅是一项医学难题，而且是对国家良法善治的检验，是对人类团结、互助和自律的考验。各国以做好国内的疫情防控为基础，携手合作战胜新冠肺炎疫情，是当下国际社会面临的共同任务。联合国人权事务高级专员巴切莱特 2 月 27 日在出席联合国人权理事会第四十三次会议时指出，疫情严重威胁着全世界所有人的生命权和健康权，这一健康危机是对社会坚韧程度的考验，而人权框架是一个重要的标杆。

自中国最早报告新冠肺炎疫情以来，全国上下按照习近平总书记提出的"坚定信心、同舟共济、科学防治、精准施策"的总要求，团结一心，坚决打赢疫情防控的人民战争、总体战、阻击战。当前我国疫情防控向好态势进一步巩固。中国抗击疫情是保障所有人的生命权和健康权的人权保卫战，必将为中国人权乃至世界人权发展史留下浓墨重彩的一笔。

一、面对重大疫情，中国坚持把生命权和健康权放在第一位

中国迅速测出并与国际社会分享病毒基因序列，为各国认识病毒、阻击疫情创造了条件。从世界流行病发现史的角度看，这是十分难能可贵的。

习近平总书记强调，要把人民群众生命安全和身体健康放在第一位。从

＊　作者柳华文系中国社会科学院人权研究中心执行主任。

湖北武汉到全国其他省份，中国应对疫情堪称典范——政府主导、迅速动员、多方配合、团结一心，彰显了以人民为中心的人权理念。尊重和保障公民的生命权健康权，是中国共产党一贯的执政理念。

2017年9月29日，国务院新闻办公室发表《中国健康事业的发展与人权进步》白皮书中提出："健康是人类生存和社会发展的基本条件。健康权是一项包容广泛的基本人权，是人类有尊严地生活的基本保证，人人有权享有公平可及的最高健康标准。"白皮书与第九届全国人大常委会第二十次会议批准的联合国《经济、社会和文化权利国际公约》一脉相承，高度一致。该公约第十二条第一款规定："本公约缔约各国承认人人有权享有能达到的最高的体质和心理健康的标准。"

不论哪个国家、什么制度，生命权和健康权都是基本人权，这也获得了联合国《世界人权宣言》和国际人权公约的确认和保障。中国政府在抗击新冠肺炎疫情过程中全力救治确诊病患，并为受疫情影响的个人减免医疗费用。政府和社会向需要援助的个人、家庭和单位伸出援手。平等、无歧视地对待每一个人是在抗疫中保护人权的重中之重。中国各地在开展疫情防控中对妇女、儿童、老年人、残疾人、贫困人口等群体给予特别关注，不让任何人落下。对在华外国公民也一视同仁。广东等地开通了多语种24小时服务热线；及时救治在华感染新冠肺炎的外国公民。

二、改革开放以来中国的发展成就为战"疫"成功和人权保障奠定坚实基础

疫情不仅危及个人安全与福祉，而且危及家庭、社群和更大规模社会集体的生命权健康权。因为人权具有整体性，生命权健康权受到威胁，直接导致工作权、受教育权等一系列的权利和自由受到影响。

新中国成立70多年来特别是改革开放40多年来，中国经济发展、社会进步，医疗卫生事业不断取得进步和突破。2003年，中国成功应对非典疫情，全社会增强了传染病防治意识，政府不断加强疾病防控能力和机制建设，切实提升健康权保障水平。建成国家、省、市、县四级疾控机构实验室检测网络，

中国疾控中心流感、脊髓灰质炎、麻疹、乙脑等实验室成为世界卫生组织参比实验室。整体上看，正是改革开放取得的巨大成就奠定了中国战胜疫情的物质、机制和能力基础。

继战胜非典疫情之后，中国经受住了埃博拉出血热疫情的严峻考验，实现了国内"严防控、零输入"和中国医疗队援非抗疫"打胜仗、零感染"的双重胜利。中国还先后参加安哥拉、圭亚那的黄热病、寨卡病毒等疫情防治工作，积累了不少经验，为保障他国人民的健康权作出积极贡献。

面对突如其来的新冠肺炎疫情，在以习近平同志为核心的党中央的坚强领导下，中国凭着在疾病防控、医疗体系建设方面的实力和经验，全国上下迅速进入"战时状态"，控制了疫情蔓延势头。

三、科学战"疫"与依法战"疫"相结合切实保障人权

预防和控制新冠肺炎疫情的关键一招就是隔离。佩戴口罩、保持"社交距离"、实行居家隔离是重要防控步骤。中国采取"早发现、早报告、早隔离、早治疗"的防控措施，并与其他国家分享防治经验。在发现确诊病例后，第一时间做流行病学调查，找到密切接触者并采取有效的隔离、检测等措施，阻断传染性疾病蔓延。

科学防治还包括重视中西医结合，充分发挥中医药在抗疫中的作用。目前还没有针对新冠病毒的特效药，中医药能使患者快速退烧，可有效提高特异性免疫力，在提高治愈率、降低病亡率等方面成效显著。

科学防治，依法抗疫。2月5日，习近平总书记强调，要在党中央集中统一领导下，始终把人民群众生命安全和身体健康放在第一位，从立法、执法、司法、守法各环节发力，全面提高依法防控、依法治理能力，为疫情防控工作提供有力法治保障。在应对疫情过程中，中国根据《传染病防治法》等法律法规及时公开信息，提高政府工作透明度，保障公民知情权，维护媒体全面和及时报道的权利，保护公民言论自由权，依法打击谣言传播，体现了将人权与法治相结合的精神。

中国为防控疫情，对武汉采取暂时关闭离汉通道措施，在全国范围内实

行一系列防疫举措。疫情拷问人类良知，中国为遏制和阻断疫情的蔓延付出巨大代价，但挽救的是无数生命，功德无量。联合国秘书长古特雷斯2月24日表示，中国实施严格的防控措施，以牺牲正常生活的方式为全人类做出了贡献。

四、中国优势和中国担当有力保障人权

在新冠肺炎疫情防控过程中，中国展现了高效的国家治理能力和危机处理能力，显现出在应对重大挑战面前具有显著的制度优势。全国人民万众一心抗疫。中国的医务工作者以大无畏的敬业和牺牲精神投入到抗疫战斗中。全国调配资源，各种医疗物资从四面八方运往湖北和其他需要的地方。大量基层公务员和社区工作者、志愿者任劳任怨，开展基层卫生防控和后勤服务工作。海内外的华侨华人积极出资出力。中国人民解放军一如既往，在重大灾难和危险面前冲锋在前，在保障人民生命健康安全的紧急关头发挥生力军作用。

中华民族有着优秀的利他和集体主义传统，有着深厚的家国情怀，使得战"疫"举措能够得到很好遵守和执行，取得了显著成效。海外华侨华人也将这种精神特质体现在助力当地抗疫中。4月14日，澳大利亚总理莫里森表示，华人社区起到了保护澳大利亚的作用；华人遵守纪律，充满协作精神，积极行动起来挽救生命，值得所有人感谢。

中国用实际行动助力全球抗疫，与各国分享防控诊疗经验，开设了向所有国家开放的新冠肺炎疫情防控网上知识中心，不断更新公开诊疗方案、防控方案。中国充分发扬人道主义精神，向一些国家和地区派遣医疗专家组。中国政府和民间向许多受疫情影响的国家和国际组织提供急需的医疗物资援助。中国还积极发挥产能优势，及时开放医疗物资市场和出口渠道。"中国援助"与"中国制造"正在为全球疫情防控提供保障、注入动力。

五、疫情防控的阶段性成效是人权保障的重要胜利

当前我国疫情防控的形势总体向好，特别是医疗救治工作取得了显著成

效。截至 4 月 21 日，全国治愈出院患者已达 7.7 万多名，治愈率约 94%。武汉病愈出院的高龄患者中，有 7 位百岁老人，其中最高龄老人已 108 岁。值得注意的是，我国少数民族自治地区的防疫工作做得非常到位。这是中国保障作为公民基本人权的生命权和健康权所取得的重要成就。

作为最大的发展中国家，中国疾病防控的政府体系和社会机制近年来发展迅速，但还需要在实践中发展，在发展中完善。作为中国共产党领导的社会主义国家，中国在应急管理、社会动员、科研攻关、重大疫情的发现和应对上有着独特的制度优势。这是中国能够成功应对各种危机和风险挑战的强有力保障，也是中国人权保障的坚实基础。

保障生命安全的人权更扎实可靠

何志鹏[*]

（《环球时报》 2020 年 2 月 26 日）

新冠肺炎疫情防控期间，从国家到社区，各级部门采取了很多措施，其中有些涉及个人行动自由，有些则针对工商企业、机关学校。对此，国际上有一些组织及个人提出疑问，认为相关的限制性措施有侵犯人权之嫌。实际情况是这样吗？

首先需要明确一点，人权是一个包含多种因素在内的宽广谱系。它既包括生命、安全、健康，也包括行动自由、表达自由、劳动、休息、获得报酬、参与教育、拥有美好生活等等。在不同的时空条件之下，这些权利实现的顺序是有差异的。也就是说，并非所有的人权都能够同阶段、同等程度地实现。虽然世界人权领域的重要文件《维也纳宣言和行动纲领》曾提到，一切权利均为普遍、不可分割、相互依存、相互联系，但这绝不意味着所有的权利都处于同一地位。在生命、安全、健康受到威胁时，其他权利就显得次要。世界各国在反恐领域能够观点一致，并且都采取了积极有力的打击措施，就说明对于生命安全健康的顶级关切已经达成了全球性的共识。

疫情暴发期是一种社会紧急、例外状态。中国 30 余省市曾启动一级响应，这就意味着，社会的首要关注点是人的生命和健康。此时，如果片面强调人的行动自由，那就是对生命和健康的不负责任，实际上是对人权的忽视，是

---

[*] 作者何志鹏系吉林大学法学院教授，人权研究中心执行主任。

社会治理的失败。大众普遍认为这种限制是应该的，甚至还认为，有一些管理方式不够严格和彻底。只有严格彻底的行动控制和监督才能够真正遏制疫情的扩散，还人们一个生命和健康的清洁环境。只有有效的人员流动行动控制，才是对人权真正的负责，才是一个积极有为政府的正当表现。

基于公共健康而出现的紧急响应状态是一种法律状态，这种法律状态的核心是人权克减。中国的《传染病防治法》《国家突发公共卫生事件紧急预案》是采取相应行动的法律依据，相关的措施均依法进行。疫情时期的出行管控确实给不少人带来了不便。但是，这些不便和负担是为了更大、更长远的利益而付出的必要成本，或者也可以理解为为未来的健康和自由而投资。正是要争取更为长久的享受生命健康和美好生活的权利，人们才乐于付出这些成本。医护人员在疫区艰苦奋斗，付出大量时间、精力甚至生命，组成了防止疫情扩散的大堤，能够保障这一堤坝牢固的关键因素之一，就是对疫情期间人们出行的控制。因此，控制自由行动是对人们的生命权、健康权负责任的做法。到 2 月 25 日，中国湖北之外的新增感染者已降至个位数。这就是通过有效的防控措施给人们生命安全带来的保障。如果说这不是对人权的高度关怀，还有什么是更加扎实可靠的人权呢？

与此同时，我们认识到，人权作为人向社会和他人提出的主张，从来就不是无限制的。它受制于各种各样的社会条件、社会环境、社会资源。那些认为个人生来就具有某些自然而然的、不可触碰的权利和自由的观点，只是一种不切实际的幻想，既不符合人类历史，也不符合世界现实。哪里有岁月静好，不过是有人替你负重前行。每一项权利背后都有社会资源作为成本。这就意味着，哪些权利能实现，哪些权利无法实现，需要与社会所处的境况紧密结合。所以，对疫情扩散采取的防控措施也不是一成不变的，在疫情逐渐得到有效控制的前提下，很多省份都下调了公共卫生事件响应的级别。

最后要说明的是，在这次疫情中，暴露出基层政府治理中所存在的若干问题。通过这些问题，我们也看到了从国家立法、部门执法到社区管理中存在的不足。人类的理性是有限的，不可能全知全能、尽善尽美。在实践中发现问题、解决问题，提升治理能力，改进治理效果，我们永远在路上。知难而进，通过疫情来发现规范和运行中的不足，进而更好更全面地维护人权，这才是一个良法善治国家的题中应有之义。

新冠肺炎疫情大考下的中国人权实践及世界意义

贾玉娇 *

（《人权》杂志　2020年第2期）

一场新冠肺炎疫情使长期以来掩盖在西方国家倡导的价值理念与治理体系之下的人权边界清晰呈现于世人面前。在世界人权保障的现实拷问下，再次引发人们对西方主导的全球人权治理的反思。中国作为世界上最大的发展中国家，在长期的发展中，走出了一条以人民为中心的人权发展道路，实实在在地践行了世界人权观，[1]为形成更具包容性、普遍性的世界人权话语作出了中国贡献，为推动全球人权治理发展贡献了中国智慧。[2]在此次抗击疫情过程中，中国秉持人民至上和生命至上的价值本位，在充分调动常规民生保障制度的同时，形成非常时期的非常制度安排，切实保障了人民的生命权、生存权、健康权与发展权，向世界深刻展示了中国人权观和人权实现方案，用实际行动践行世界人权话语多元化的"应然"性。

一、世界多元人权话语的"应然"机理与"实然"转向

源自于近代西方历史与文化的人权曾一度主导世界人权话语。这一人权的基本预设是个人主义，假设社会是由一个个具有自由意志和理性观念的个

---

* 作者贾玉娇系吉林大学哲学社会学院教授、博士生导师，吉林大学人权研究中心研究员。

[1] 李君如："新时代中国共产党人权思想的集中体现——学习习近平总书记关于人权的贺信"，《人权》2019年第1期，第9—14页。

[2] 柳华文："中国积极参与全球人权治理"，《人民日报》2019年9月15日，第3版。

人组成，这些个人都拥有不言自明的自然权利，这些权利是天然正当的，在法律上表现为公民的人权。[3]从其产生上看，是伴随西方资产阶级社会的发展而逐步形成，并在资产阶级抗争封建势力中达到第一个发展的高潮，成为资产阶级动员广大社会成员改造社会、重塑国家的利器。从本质上讲，虽然西方人权观服务于资产阶级国家，但是在人类历史发展的宏大进程中，相对于"轻视人、蔑视人、使人不成其为人"的"人依附于人"的奴隶制与封建制，[4]其进步意义显而易见：它以法律的形式给每一个个体包裹上一层透明的"细胞壁"，将社会成员区隔成为一个个独立的个体，在使每一个个体都具有免于受到来自他人、社会、市场，以及国家的"恶"的侵害资格的同时，也赋予所有人都能平等地获得来自社会进步与国家发展带来的"益品"的权力。因此，人权不仅是一种人文理念、社会思潮，更是一种政治实践，构成西方现代国家建设与发展的基本方面，成为国家获得与保持权威合法性的主要手段，对整个世界的人权发展、各个国家的建设与社会发展都产生重要影响。

然而，西方人权话语体系自形成起就存在普遍性与特殊性的内在矛盾，即一方面将人权视为普遍有效的概念，另一方面又把人权的解释权看作是西方专有的。[5]因此，如果顺着人权普遍有效的理论前提，人权观在理论上就是开放的，在文化上也就不可以设限的，而以西方人权观为代表的现代人权观是超文化的人权概念在西方特定宗教与政治条件下的具体呈现。换言之，试图去西方化的现代人权观具有西方文明基因与西方政治意识形态烙印。虽然每一种文明都以对人、社会、自然及彼此关系的本质作出一般性阐释为旨趣，并且也在不同程度上揭示出了人、社会、自然的真实本质，但是任何一种文明的积淀与传承都必然以一定时空范围内的人、组织、制度为载体，因而不可避免地与一定政治传统与意识形态交织在一起，即文明是人类试图超越一定时空内的认知局限与基于具体时空范围的现实考量而实际演绎的混合体，其内部蕴含着普遍性与特殊性的矛盾。该矛盾成为推动文明发展的力量。

[3]广州大学人权理论研究课题组，李步云："中国特色社会主义人权理论体系论纲"，《法学研究》2015年第2期，第56—79页。
[4]徐显明、曲相霏："人权主体界说"，《中国法学》2001年第2期，第11页。
[5]赵汀阳："'预付人权'：一种非西方的普遍人权理论"，《中国社会科学》2006年第4期，第17—30页。

文明有走向普遍性的内在诉求，如何破除其所具有的特殊性成为关键。从人类文明流动与扩散的历史上看，有两种驱动力量，其一是来源于文明自身蕴含的先进性，即一种文明塑造出来的现实状态成为其他文明国家的未来憧憬，或回应了其他文明国家面临的困境与难题，从而使得先进文明自然植入其他文明中。其二是文明依托政治经济权力或军事力量强行进入其他文明国家。因此，以文明为载体的人权观也内含上述矛盾运动。

由此可知，人权观是一个具有较大内涵张力的概念，即人权不是既定的而是一个允许对话和辩论、并且可以重新解释和定义的公共概念。第一，西方人权概念具有地方局限性，不是一个普适性的话语体系。在认识到不同文明所具有的特殊性维度，及其超越"特殊"、延展为"普遍"的"能力"不同后，就可以理解西方人权话语所具有的时空局限性与历史阶段性。从近现代人权观产生的历史背景上看，人权的价值本位在于"立人"，即将人从"神"的束缚中与封建主义生产关系的桎梏中解放出来，从而树立起"大写的人"，市场中的自由的人、平等的人[6]，从而为资本主义生产关系全面建立提供最广泛的、"原子化"的、信仰"商品拜物教"的社会基础。随着西方福利国家体制确立所带来的人权发展新高潮，以及全球化背景下西方主导的全球治理体系的逐步形成，人权成为西方国家打开广大新兴发展中国家大门，削弱民族国家边界的重器。[7]事实上，"立人"以生成人的主体性、能动性并非仅为西方所有，更并非近现代以来才有之。以中华文明为例，中国对远古时代盘古"顶天立地"将混沌定型为天地的想象成为"立人"的早期文化意象。与西方"立人"路径相同，中国文化高度重视将人与"神"，人与自然万物"分立"开来。根据文字记载，华夏历史上神、人初次分立见于《国语·楚语下》。此外，中国先哲通过强调"心"，将人与动物区分开来，认为重肉身、忽视心，则人与物无异。这与几千年后马克思提出的资产阶级社会中人异化为物，即"人只有在满足动物本能的时候才是感觉到自身的存在"的观点不谋而合。然而，

[6]罗骞："马克思的政治概念"，《马克思主义与现实》2009年第2期，第42—53页。
[7]陈正良、王宁宁、薛秀霞："新中国成立以来中国国际话语权的演变"，《浙江社会科学》2016年第6期，第35—43页。

接下来的中西方演绎路径截然不同，西方将树立起来的人与外界相对立，形成权力话语；中国将树立起来的人与外界相联系，形成关系话语，强调关系主体的"钦明文思安安、允恭克让"的德行，以及和而不同、不同而和合的自由与秩序统一体。此外，在其他崇尚集体和社群的文明，如伊斯兰教文明中，也存在相对应的思想。

第二，现代人权实践具有时空断裂性。现代人权发起于西方，并在资本主义发展的几百年间一次次消除了因人权边界造成的社会认同危机，当"二战"后西方以福利国家之体向世界推行其人权观时，新兴国家只是刚刚开启了现代发展之路。正如法国社会学家海图纳所说，发展已经呈现出明显的"断裂性"，如果将发展比作一场马拉松比赛，一些人群和国家已经遥遥领先，[8]甚至扣圈，因此无法用先发展的西方标准来要求新兴发展国家，应当尊重人权发展的历史规律性与实现道路的阶段性。换言之，人权的实现需要一个国家经济社会发展成果的支撑，而国家发展是一个历史的过程，有其本身的发展规律。因此，人权维度可以达成国际共识，但是各个人权维度的水平却不能一概而论，不能用发达国家的人权水平来要求广大发展中国家。"权利决不能超出社会的经济结构以及由经济结构制约的社会的文化发展"。[9]

第三，人权的出世与入世。在人权形态上，存在从"观念性人权"到"制度性人权""实践性人权"，即理念上的人权和现实人权。这里涉及的一个问题是"理论兑现"。上述人权范围的差别说明的是一国人权的实际状况，它们的差别越小，说明一国的人权状况越好。[10]从现代人权产生以来，上述层面的人权就始终存在，且相互依存。其中，理念层面人权作为制度层面人权的指引，实践层面人权作为理念层面人权的基础。理念层面人权是基于对人性的解读，具有抛除一切人类差异的普遍性，是出世的，是人权的理想形态，往往体现在人权思想和人权宣言中，而实践层面人权则是具体的、历史的，是入世的，是理念层面人权在一定社会生产力水平与生产关系条件下

---

[8]孙立平："关注90年代中期以来中国社会的新变化"，《社会科学论坛》2004年第1期，第37—54页。

[9]《马克思恩格斯选集》第3卷，北京：人民出版社，2012年，第422页。

[10]徐显明："人权的体系与分类"，《中国社会科学》2000年第6期，第94—105页。

的实际显现，与无差别的理想人权相比，现实的人权往往是不彻底的，有边界的。如早在欧洲思想启蒙时期就存在种族与性别的人权边界，以及后来的资产者与无产者，《独立宣言》中的契约内和契约外人群[11]等。因此，化解因二者落差所引起的社会不信任危机成为西方学者与政治家不可回避的问题。对此，亚伯拉罕·林肯曾指出："他们（立国先贤们）并无意制造明显的谎言，即所有的人当时都在真实地享有平等，他们也不准备马上就赋予这种平等。他们只是想昭示这种权利，以便使这种权利的实施能够尽快地跟上来。他们打算为自由社会确立一套为每个人所熟悉的准则和标准，让人们不停地去追寻，让人们不停地去努力，让人们不停地去逼近，尽管不可能臻于完美。"[12]为打破制度、实践层面与理念层面人权之间的障碍，让人们在接受差距的同时，还将这种差距认同为理想人权本身，西方国家建构起了社会达尔文主义[13]，将市场视为实现个体自由与整体社会正义的最佳机制，从而将精神层面的自由与物质层面的生存与发展紧密结合起来。正如在此次新冠肺炎疫情中，美国部分民众抵制居家令和封城令，似乎不顾生命危险追求所谓的自由，表面上看是为争取自由，实则是为了生存。

由上述分析可知，我们可将人权划分为框架与内涵两个部分，其中概念的框架是由一系列累积形成的人权维度按照一定的结构组合而成，包括自由权、生存权、尊严权、发展权、健康权等，因基于人性与人的基本需求而具有普遍性；概念的内涵是上述普适性的人权维度在具体时空中的内容显现，其中既包括现代性驱动下因文明共融而形成的共通内容，也包括特定政治社会文化下的特殊内容，具有与特定地域的适洽性。因此，我们既不能以基于自然权利的人权观来否定基于社群义务的人权观，同时也不能以基于社群义务的人权观来否定基于自然权利的人权观，而是应当彼此尊重，承认世界人权话语的多样性，拓展人权的价值预设，丰富人权意涵。

二战后，殖民地半殖民地体系瓦解，广大亚非拉国家纷纷独立，建立起

---

[11] 邱本："从契约到人权"，《法学研究》1998 年第 11 期，第 14 页。

[12] ［挪威］A. 艾德："人权对社会和经济发展的要求"，刘俊海、徐海燕译，《外国法译评》1997 年第 4 期，第 21 页。

[13] 罗凤礼："美国历史上的社会达尔文主义思潮"，《世界历史》1986 年第 3 期，第 19—27 页。

新兴的民族国家。随着非西方国家的蓬勃发展，尤其是与西方发展模式不同的东亚国家相继发生经济奇迹，并逐渐将经济增长转变为民生福祉，使得东亚发展模式在引起世人瞩目的同时，人权话语也开始得到世界关注。其中，十八大以来的中国在保持经济高速发展的同时，民生保障领域有了重大发展，民生水平显著提高。全面脱贫攻坚与全面建成小康社会使中国创造了人类生存权与发展权保障史上的奇迹，并通过"一带一路"与人类命运共同体主张将中国人民对美好生活的追求与世界人民对美好生活的追求紧密连接在一起。中国的经济社会发展在给世界经济社会发展作出贡献的同时，也使广大发展中国家增强了走符合自身情况的发展道路并能够取得成功的自信，从而促使越来越多国家的人权话语形成，从而在一个越来越大的范围内推动多元人权话语由"应然"向"实然"转向。

二、新冠肺炎疫情下的中国人权实践

2020年伊始,新冠肺炎疫情突然而至,世界各国纷纷陷入抗疫窘境与危机。在这场关系生死的危机面前，不同国家的人权价值本位与人权保障制度面临一场前所未有的严峻考验。这场考验残酷地将普通民众的命与"资本"和政治家的利益，富人与穷人的生命，老年人与年轻人的生命等的优次选择问题曝光于世。中国在此次抗疫过程中释放出了强大的国家治理效能，体现出了人民至上、生命至上的人权价值本位，具体表现在以下三个方面：

第一，以人民为中心的人权理念，不是少数人的权利，而是全体人民的权利，更不是以维护人权为名用来惩罚别人的权利，而是能够让全体人民普遍享受到幸福的权利。[14]自疫情暴发以来，党中央围绕人民的生命安全、健康保障、生存保障与发展需求，全面调动国家治理体系，迅速建立起从中央到基层、从首都到全国各地纵横交织的联防联控联保体系，分级分类分区进行精准施策，为全体社会成员构筑起人权保障的制度大网。具体说来，根据受新冠病毒与疫情影响程度的不同，将全体社会成员划分为患病人群（疑

---

[14]李君如："新时代中国共产党人权思想的集中体现——学习习近平总书记关于人权的贺信"，《人权》2019年第1期，第9—14页。

似患者、确诊患者），健康非抗疫非常规人群（贫困户、低保户、贫困边缘群体、空巢独居老人、一老一小家庭、滞留武汉人员），抗疫一线工作人员（一线医务工作者、交通口岸检疫人员及志愿者、社区防疫工作者及志愿者），健康非抗疫机构人群（养老院、福利院、监狱等机构中人群），健康非抗疫常规人群，据此形成有针对性的保障制度安排。针对患病人群最急需解决的治疗费用问题，形成"医保＋医救＋大病＋财政兜底"的治疗费用保障制度体系；针对健康非抗疫非常规人群，形成"发现制度＋低保＋临时救助＋生活援助＋跟踪制度"的生存保障制度体系；针对抗疫一线工作人员，形成"职业安全＋人文关怀＋工伤保险＋津贴工资"的劳动保障制度体系；针对健康非抗疫机构人群，形成"零报告＋环境安全保障＋安全督导"的生命安全保障制度体系；针对健康非抗疫常规人群，形成"稳定就业＋保障薪资待遇、保险待遇"与"保险经办网络化＋隔离期间心理援助"的生活与发展需求保障制度体系。

第二，中国人权观的人民至上和生命至上的价值本位。人权如果离开人民，连生命安全都保障不了，那么就只不过是一句空话。人民至上与生命至上代表了世界人民的根本利益。虽然在经济社会常态发展条件下，不同意识形态国家中的人民崇尚的人权首要价值不同，但是在生死攸关的情况下，生命安全与身体健康成为人的首要利益诉求。即便在"自由"信仰最普遍、最根深蒂固的美国，疫情状态下的大部分人民也将生命安全放在了第一位，而非所谓的"自由"。为切实保障人民生命安全，除了实施居家令，阻断病毒传染链条，以及迅速调配医疗物资与人员外，还建立了"医疗保险＋医疗救助＋大病保险＋财政兜底"的治疗费用保障制度体系。在新冠肺炎疫情开始在全国蔓延时，国家医保局第一时间要求全国医保系统按照"两个确保"做好救治工作，即确保患者不因费用问题而得不到及时救治，确保定点医疗机构不因医保总额预算管理规定影响救治。国家医保局还充分发挥医疗保障资源整合优势，采取非常措施给予制度保障，对于新冠肺炎患者治疗费实行"四个一批"：即基本医保解决一批，扩大医保报销目录，将《新型冠状病毒感染的肺炎诊疗方案》覆盖的药品和医疗服务项目临时纳入医保支付范围，对集中收治的医院，患者医疗费用不纳入医院总额预算控制指标；大病保险解决一批；医疗救助基金兜底保障一批；剩下的个人负担部分由财政补助一批。对于异地就医患者，采取先救治后结算，报销不执行异地转外就医支付比例调减规定。第三，将生存权与发展权作为首要的基本人权，把实现人民生活幸福作为最大的人权。[15]习近平总书记在纪念《世界人权宣言》发表70周年座谈会的贺信中指出，人民幸福生活是最大的人权，奉行以人民为中心的人权理念，把生存权、发展权作为首要的基本人权。[16]与西方将市场中的自由权作为连接理念层面与制度、实践层面人权，进而取得社会认同的主张与实践不同，中国继承和发展了马克思主义思想，立足于马克思提出的"人依附于人""以物的依赖性为基础的人的独立性"和"人的全面而自由发展"三种人的存在状态，用这个时代中人们普遍接受的话语作出更具张力的阐释，将人的存在实体化为生存与发展，用"美好生活"表达人不断朝向"全面而自由"发展的持续性与相对性，即"美好生活"既是一个向共产主义与人的全面而自由发展的美好图景持续趋向的过程，也是在一定社会生产力与生产关系下，人主客观世界的和谐统一。与自由相比，生存与发展更切中人客观存在的本质，美好则更强调人主观世界的整体愉悦性，更贴近人主观存在的本质。这并非是在否定自由，相反自由对人不可或缺，没有自由何谈独立的个体，但反过来如果打着自由的名义，以生存和发展为代价则是荒谬的，同时自由也无法表达主观世界的整体愉悦。人只有在生命安全、生存保障和发展促进中才是真正自由的。在抗击此次新冠肺炎疫情中，中国共产党与政府启动应急型与常规型民生保障制度，保障人民生命、生存与发展。

在生存权保障方面，针对受疫情影响最大的低保家庭、特困人员、农村"三留守"人员，民政部发布《关于进一步做好疫情防控期间困难群众兜底保障工作的通知》，本着应保尽保和疫情重灾区终止退出的原则，开展社会救助兜底保障。一是深化社会救助及时响应机制改革，畅通服务热线，优化简化社会救助流程，下放社会救助审批权，加大乡镇街道临时救助审批额度；

[15] 张文显："新时代的人权法理"，《人权》2019年第5期，第12—27页。
[16] 习近平：《纪念〈世界人权宣言〉发表70周年座谈会贺信》，《人民日报》2018年12月11日，第4版。

二是对困难群众发放临时价格补贴；三是对建档立卡贫困户进行健康管理；四是对感染了新冠肺炎的非本地户籍的人员，可以在急难发生地申请临时救助。针对滞留武汉人员面临的生活问题，武汉市民政局进一步出台了《关于开展滞留在汉外地旅客临时生活救助的通知》，对生活困难的人员一次性给3000元补助。除经济援助外，还为滞留困难人员提供住宿与食品援助。截止到3月13日晚，武汉市一共设置了69个安置点，为滞留困难人员提供临时住宿与饮食供给，累计安置4843人。针对失业人口，及时发放失业保险金和失业救助金。对领取失业保险金期满仍未就业且距离法定退休年龄不足1年的失业人员，可继续发放失业保险金直至法定退休年龄；湖北等疫情严重地区的参保人员，按照不高于当地失业保险金标准发放失业补助金。推进失业保险网络化经办，失业人员可凭社会保障卡或身份证到现场或通过网上申报的方式领取失业保险金。

在发展权保障方面，将保障企业复工复产，劳动者稳定就业、有序务工作为"六稳"之首，并根据疫情防控的复杂形势，分阶段、明主线、抓重点人群，有序开展就业工作。具体说来，从疫情防控期间复工复产的时间表上看，可划分为两个阶段——从2月5日到2月13日是重点企业复工与用工保障阶段，从2月13日到3月17日是各类企业复产复工阶段；形成运用社会保险和津贴补助杠杆援企稳岗稳就业与开发临时性公益性岗位托底安置贫困劳动力两条工作主线；抓住农民工与高校毕业生两个重点人群。习近平总书记特别重视高校毕业生和农民工的就业工作，将其作为稳就业的重中之重。具体做法为：统计企业开复工时间，向社会发布就业信息；人社部、财政部、国家税务总局印发《关于阶段性减免企业社会保险费的通知》（人社部发〔2020〕11号），通过分区分类型返还企业部分失业、养老、工伤等社会保险，激励企业稳定用工；对吸纳就业困难人员和离校未就业毕业生、坚持不裁员且正常发放工资的企业，给予阶段性社会保险补贴、岗位补贴；对参保企业吸纳新劳动力并开展以工代训的，按人头给予企业阶段性培训补贴；对吸纳登记失业半年以上人员以及因疫情无法返岗的农民工就业且签订1年以上劳动合同并按规定缴纳社会保险费的中小企业，按人头给予一次性吸纳就业补贴；开展 24 小时重点企业用工调度保障机制；实行稳岗返还失业保险的"不见面"审批；提供农民工复工点对点、一站式服务；开启线上招聘、技能培训，签订电子劳动合同等。

在劳动者权益保护方面，重视保障疫情期间劳动者工资收益。针对事业单位工作人员，人社部财政部印发《关于新型冠状病毒肺炎疫情防控期间事业单位人员有关工资待遇的通知》，规定因疫情期间的隔离治疗与观察及其他紧急措施导致无法正常劳动的事业单位工作人员，期间的工资、福利待遇按出勤对待；针对企业职工，因疫情影响无法正常复工，用完各类假期仍不能正常上班的职工，企业参照国家关于停工停产期间工资支付相关规定与职工协商支付工资；暂无工资支付能力的企业与工会或职工代表协商延期支付；对因依法被隔离导致不能提供正常劳动的职工，企业按正常劳动支付其工资，隔离期结束后，对仍需停止工作进行治疗的职工按医疗期有关规定支付工资；对在春节假期延长假期间因疫情防控不能休假的职工，依法支付加班工资。

三、中国人权实践的世界意义

第一，打破中国人权的西方意象，向世界展示中国人权理念与实践。在抗击新冠肺炎疫情过程中，中国人权保障做法深刻诠释了习近平总书记提出的以人民为中心的人权与国家建设理念，向各界再次展示出中国国家与社会之间的独特关系。在东西方不同的政治社会文化背景下，一直以来，在西方视域中中国从传统社会直至新中国成立都具有专制、威权的国家政治属性。按照西方国家与社会二元对立的思维范式，"强国家—弱社会"互动框架下无法产生人权得以形成的自然权利前提。改革开放以后，中国创造了经济奇迹，中国人民的物质生活水平得到显著提高，引起西方世界的关注。然而，西方学者认为中国高速的经济增长是以牺牲社会福利为代价而换得的，因此往往用人权问题来攻击中国。然而，超出西方认知框架的是，中国人权实现的结构性前提是国家与社会的容括性关系，即社会发展蕴含于国家目标之中，国家目标反映社会发展诉求。这一国家社会独特的互动机理源于中国传统政治社会文化之中。如果说用历史的和思辨的方法阐述这一国家社会关系尚不足以让人信服，那么自十八大以来中国一系列的民生保障实践，以及此次抗击新冠肺炎疫情采取的种种举措，则是用实际行动阐释了中国人权的机理与内涵。

第二，走与西方不同的人权道路，释放中国人权保障制度效能。习近平总书记指出："多年来，中国坚持以人民为中心的发展思想，把增进人民福祉、保障人民当家作主、促进人的全面发展作为发展的出发点和落脚点，有效保障了人民发展权益，走出了一条中国特色人权发展道路。"[17]西方现代性支配下的民生进步与人权发展曾一度极大地推动了世界民生与人权发展，并在世界范围内起到引领作用，但是在看到西方人权的进步意义的同时，也应当看到其局限性。自新中国建立起，中国就走上了一条具有中国特色的人权实现道路，其特点是理想人权统领下的继替式发展。人权是由多个维度所构成的综合体系。虽然中国在每一时期中同时推进人权的多维发展，但是由于新中国建设的先天条件不足，中国要在发展中循序渐进地实现人权。将理想型人权拆解为一系列主要指标，并在与中国阶段性国情与国家建设相契合的过程中有条不紊地逐一实现，最终在中华民族实现伟大复兴目标时全面实现。在这个历史进程中，后一阶段人权的实现容括在前一阶段，后一阶段人权实现的国家建设方案延承于前一阶段。与西方不同，中国不具有给生存权与发展权实现水平设限的政治障碍。中国共产党将人民作为全部工作的出发点，一切为了人民的根本价值立场，全心全意为人民服务的工作宗旨，从群众中来、到群众中去的工作路线等使中国国家建设与民生发展、人权保障达到高度契合。与其他崇尚社群主义的国家不同，中国共产党始终重视人民物质生活水平的提高，重视保障人的生存权与发展权，为使人民早日实现美好生活而不懈奋斗。

第三，对他国施以援手，尽己所能为保障世界人权作出大国担当。具体表现在：一是第一时间向世界卫生组织和有关各国通报疫情信息。二是毫无保留地与各方分享中国疫情防控和治疗经验。国家卫健委汇编了最新诊疗方案、防控方案，及时分享给了全球180多个国家，十多个国际和地区组织。三是与各国开展诊疗方案、药物筛选、疫苗研发等的联合攻关。国家卫健委

---

[17]习近平致"纪念《发展权利宣言》通过30周年国际研讨会"的贺信，2016年12月4日。

建立了疫情防控和临床诊治领域在线知识中心和国际合作专家库，已通过远程视频的方式与 100 多个国家和地区举办了近 30 场技术交流会议。四是即时与人员往来较多的国家联合建立与完善卫生防疫沟通协调应急机制，做好跨国人员出入境疫情防控标准的相互衔接、防疫措施的协调工作。五是尽己所能帮助其他疫情国。中国政府已经向 89 个国家及世卫组织、非盟等提供包括检测试剂、口罩等医疗物资的援助；向伊朗、伊拉克、意大利、塞尔维亚、柬埔寨等 5 个国家派出 7 批医疗专家组；向世卫组织提供了 2000 万美元捐赠，用于支持开展抗疫国际合作。[18] 中国用实际行动表明，中方不仅维护中国人民生命安全和身体健康，也维护世界人民生命安全和身体健康，积极推动建立人类卫生健康共同体。

小结

新冠肺炎疫情全球大流行被视为二战以来人类社会面临的最大危机，给世界各国人权保障制度提出严峻挑战的同时，也为形成更加包容、开放的世界人权话语体系提供历史机遇，更是推动世界人权话语发展的重要契机。人权概念需要由不同时代中的国家社会发展成就来书写，在肯定西方国家为人权发展作出重要贡献的同时，还要看到随着时代的进步，其他国家和地区为世界人权发展作出的努力与贡献。新冠肺炎疫情下的人权理念与实践比较的终极目标，不在于在各个国家制度之间分出个高低上下、孰优孰劣，话语之争与冲突对立历来就不是解决重大危机之道，只有博采各国所长，推动形成全人类的生命、生存、健康与发展的保障方案，这才是正解。在此次疫情防控过程中，中国的一系列主张与人权实践引起世界关注。中国秉持人民至上和生命至上的价值立场，释放出了国家治理体系的制度效能，切实保障了人民的生命权、生存权、健康权和发展权。同时，中国在国际上的一系列主张和尽己所能采取的一系列行动保障了世界人权，发挥出了大国担当，为推动世界人权话语的多元化发展发挥了积极重要的作用。

---

[18] "这就是中国担当！"，央视新闻：http://news.cctv.com/2020/03/29/ARTIBdoSw5eRllGy5d4TUlPG200329. shtml。

中国疫情防控彰显人权保障

张永和[*]

（《学习时报》　2020 年 3 月 20 日）

在中国战"疫"斗争中，习近平总书记始终强调，要把人民群众生命安全和身体健康放在第一位。在人权理论和实践中，生命健康权始终被称之为基本人权。这次疫情防控阻击战，我国始终以人民的生命健康权为中心，以保障每一个公民的基本权利为出发点，使我国公民在疫情期间的基本人权得到尊重和保障。

人民的生命健康是最基本人权

疫情发生以来，我国政府就将每一位公民的生命健康权作为第一位的基本人权予以保障。习近平总书记指出，人民群众生命安全和身体健康始终是第一位的，疫情防控是当前最重要的工作。中央应对新型冠状病毒感染肺炎疫情工作领导小组从以下四个方面具体落实保障公民的生命健康权：第一，中央政府向湖北派出专业指导组，推动加强防控一线工作；第二，调配全国资源，优先保障湖北省和武汉市急需的医护力量和医疗物资，确保武汉市民生活必需品供应；第三，湖北省和武汉市加快建设集中收治医院，做到"早报告、早隔离、早治疗"，及时将确诊患者、疑似患者、无法排除感染可能的发热患者、确诊患者的密切接触者这"四类人员"集中收治、隔离；第四，

＊　作者张永和系西南政法大学人权研究院执行院长、教授。

努力提高收治率和治愈率、降低感染率和病死率。新建火神山、雷神山两座医院，集中收治重症患者；针对数量巨大的轻症患者，武汉征用多家场馆、学校、公共设施改造成方舱医院；湖北各地也不断推进方舱医院建设，并得到来自其他 19 个省区市精锐医疗资源的支持。这使得每一个患者得到及时、安全和稳定治疗成为可能。

各省、自治区、直辖市相继发出一级响应，并对保障人民群众生命安全和身体健康因地制宜提出细化措施。一是各地向社会公布了新冠肺炎各级定点收治医院名单，按照"集中患者、集中专家、集中资源、集中救治"的原则，统筹安排和科学调配医护力量，全力做好设备、床位、药物等物资准备，全力开展应急科技攻关，及时收治所有确诊患者，全力以赴救治每一位感染患者；二是一些地方为了减少不必要的交叉感染风险，多家三甲医院推出互联网医疗服务，通过专家在线问诊的方式提供免费咨询；三是各地在新冠肺炎疫情防控期间，出台了医疗废物收集转运处置工作的若干措施，保障人民的身体健康；四是各地相继发布新冠肺炎疫情紧急心理危机干预实施方案，针对不同人群实施分类心理危机干预，保障个体的心理健康。尽可能保证了感染者能够得到及时有效的医疗，体现了在战"疫"中以保障人的生命健康为第一要义。

平等对待是人权保障的黄金规则

我国政府在抗击疫情的过程中，坚持同等标准、优待弱势的平等保护原则，对待病人一视同仁。同时，也坚决杜绝战"疫"过程中针对湖北籍或武汉籍公民的歧视行为。湖北省和武汉市及其他地方政府公布了对湖北籍或武汉籍返程人员的平等保护措施：一是籍贯或常驻在武汉，由于春节的原因到了外地，现在希望回到武汉的人员，所在地的有关部门做好对接，保证他们返回武汉。二是在武汉工作，春节前回家乡过年，现在需要返回武汉工作的，武汉优先安排保障城市运行和与居民生活密切相关人员的返汉。三是协调安排专门酒店宾馆作为湖北籍游客的定点接待酒店，为他们在外地隔离，暂不返鄂提供休息场所。

各地方政府出台相应措施，实现疫情期间对特殊群体、弱势群体权利的平等保护。一是各地政府向广大农民朋友发出倡议书，倡议疫情期间做到"九要九不要"的公共卫生保障，特别要求基层一线的扶贫干部，要引导帮助贫困群众落实防控措施，确保不漏一户、不落一人；二是各地政府推迟幼儿园、中小学、高等院校开学时间，对养老机构、精神病医院、康复中心等实行封闭式管理，并建立日报告、零报告制度，做好未成年人、老年人、残疾人等弱势群体的心理疏导，并通过电话、视频等方式与亲友加强交流；三是在少数民族聚居地区，当地政府组织工作人员深入流动聚居区，通过悬挂条幅、张贴倡议书、发放宣传资料等形式，使用多种少数民族语言进行疫情防控和公共卫生知识宣传。

法治完备是人权保障的制度基础

战"疫"行动离不开制度性的保障，法治原则是非常时期采取非常措施的合法性根基，也是实现特殊时期人权保障的底线。2月5日，中央全面依法治国委员会第三次会议指出，要从立法、执法、司法、守法各环节发力，全面提高依法防控、依法治理能力，为疫情防控工作提供有力法治保障。会议要求各级党委和政府全面依法履行职责，坚持运用法治思维和法治方式开展疫情防控工作，在处置重大突发事件中推进法治政府建设，提高依法执政、依法行政水平。各有关部门要明确责任分工，积极主动履职，抓好任务落实，提高疫情防控法治化水平，切实保障人民群众生命健康安全。

全国各地方立法机关也相继加强疫情期间的合法性审查工作。部分省份的人大常委会根据有关法律法规，结合本地疫情防控期间的工作实际，分别通过了本地方关于依法开展新冠肺炎疫情防控工作的决定，对战"疫"期间公民的基本权利和义务进行了清单式列举，并对照各地相关法规和规章，明确了防疫期间的数种禁止性行为，为我国采取的合法战"疫"行动提供了法源保障。最高检对外发布首批十个妨害新冠肺炎疫情防控犯罪典型案例，其中涉及抗拒疫情防控措施、暴力伤医、制假售假、哄抬物价、破坏野生动物资源等七类犯罪。新冠肺炎疫情发生以来，全国检察机关依法办理各类妨害新冠肺炎防控犯罪案件，在介入侦查引导取证、审查逮捕、审查起诉各个环节依法把握违法行为与刑事犯罪的界限，为疫情期间社会秩序安定、民众权益保障提供了司法保障。

民生工程是人权保障的重要举措

这场战"疫"行动不仅是对我国公共卫生应急体系的考验，更是对国家治理体系和治理能力的考验。可以说，民生保障，是战"疫"行动中最为根本的人权保障。因此，各地按照中央的统筹安排，相继出台了复工复产、物资保障、交通运输、能源保障、减税扶持、劳动保障等一系列支持民生权利的举措。一是引导企事业单位错峰上班、居家办公和农民工分批有序到岗。确保防控物资和生活必需品等稳定供应，支持企业尽快复工，建立绿色通道，确保物流配送畅通和销售网点生活必需品及时补货。二是做好煤电油气供应保障。强化属地政府和企业责任，做好生产恢复后的疫情防控。三是铁路民航等采取隔座乘车乘机等降低疫情传播风险。四是学校可根据防控需要适当推迟开学、错峰开学，做到"停课不停学"。五是落实财税金融、政府收储等政策，协调解决原料、用工等困难，促进医用防护服、口罩等增产增供，进一步保障武汉等重点地区需要。六是减免中小微企业租金，落实国家税费优惠，减免地方相关税费，支持民营经济复苏发展。七是对异地就医患者先救治后结算，报销不执行异地转外就医支付比例调减规定，简化备案流程，推广电话、微信、互联网等备案渠道。八是企业因疫情影响停工停产，未超过一个工资支付周期的，应按照正常工作时间支付工资；超过一个工资支付周期的，可以根据职工提供的劳动，按照双方新约定的标准支付工资；企业没有安排职工工作的，应当按照不低于当地最低工资标准的80%支付职工生活费。

以上种种措施，反映了在新冠疫情防控行动中的"民生晴雨表"：日常生活"米袋子""菜篮子"和"果盘子"，水电气能源的供应，交通出行方式和工具的选择，儿童上学与课业辅导，中小微企业的税负减免，个人与企业用工保障等民生福利，个人的发展权、受教育权、劳动保障权等一系列经济社会文化权利，也成为增强我国人民战"疫"信心的"民心"人权。

信息公开是人权保障的基本要求

在疫情防控中，信息公开十分重要。在大数据技术支持下，我国做到疫情信息高度透明，调度智能平衡，病情监控到位。一是充分利用我国互联网技术、平台优势和发达的物流、电商的数据化信息优势及专业化的效率优势，从各大数据平台，实现新冠疫情的实时直报。二是针对互联网上的疫情虚假信息，加大信息公开力度，通过全国疫情实时动态等平台，及时通报全国疫情状况。三是在大数据平台上，可以通过迁徙地图、附近疫情、患者求助、免费问诊、发热门诊等功能实现线上交互，并同时发布各省、自治区、直辖市的地方疫情和海外疫情数据。四是互联网技术先进地区，已经依托大数据，针对正在开展的复工复产，因地制宜、分类指导，实现大数据战"疫"、智能云与高效运转的智慧城市、数字政府、指尖计划等互联结合，快速组建四大应急大数据智慧调度平台：应急大数据指挥平台、应急物流指挥平台、应急物资保障平台、应急城市交通指挥平台。五是中央与地方开始同步建立慈善大数据监管子平台，做到慈善款项支出明细、定向捐赠物资流向、慈善物资质量保障的全时全链全网全方位监管，公民的知情权、批评权和监督权得到了切实保障。

人民的幸福生活就是最大的人权，而幸福生活的最大前提是人的生命和健康。这是对人权概念最好的诠释。我国战"疫"得到了包括世界卫生组织专家在内的国际社会各界人士高度肯定。因为，中国的抗疫体现了对生命的最好尊重。只有经历苦难，才最能懂得"人权"一词的内涵。我们完全相信，在接下来世界范围的战"疫"，我国政府将会秉承人类命运共同体理念，和世界人民一道共同抗击疫情并夺取胜利。

奉行以人民为中心的人权理念

——谈中国新冠肺炎疫情防控中的人权保障

郭研评

（《光明日报》 2020 年 3 月 16 日）

　　尊重和保障人权是中国宪法确立的一项基本原则。面对新冠肺炎疫情这一人类共同的威胁，中国将人民群众生命安全和身体健康放在第一位，尊重疫情防控规律和医学救助规律，采取了最坚决、最彻底的阻断措施，尽一切努力救治患者、挽救生命，全力阻止疫情在全球范围的蔓延，充分彰显了以人民为中心的执政理念，充分展现了大病大疫中的大仁大义，是维护和保障首要人权、根本人权、最大人权的中国实践。

一、奉行以人民为中心的人权理念，尽最大努力阻断疫情传播、全力治病救人，优先保障人民生存权

　　生存权特别是生命权和健康权，是举世公认的最基本人权。在世界人权思想史和人权运动史上，生存权的全面定型化以及从道德权利转向法定权利，是具有划时代意义的标志性事件。生存权又被称作是"第一人权"。在国际人权法体系中，生存权最基本的构成是生命权和健康权。对任何一个人，不论身处何种环境，享有生命权和健康权都是享有其他人权的首要条件。

　　中国在疫情防控中所做一切的出发点和落脚点，都是把人民群众生命安全和身体健康放在第一位。数千年的人类抗疫历史证明，面对突如其来的特

大公共卫生事件，控制疫情源头、切断传染渠道是疫病防控的重中之重。这次抗疫斗争中武汉所实施的内防扩散、外防输出的"封城"，是对武汉人民、湖北人民、全国人民，及至世界人民生命安全和身体健康负责的悲壮之举。武汉是中国重要的工业基地、科教基地和综合交通枢纽，素有"九省通衢"之称，1000 多万人在此工作生活。在中华民族最为看重的春节前夕，对如此规模的现代化大都市实施全面严格管控，对于任何一个国家而言都是具有很大挑战的艰难抉择。考虑到不严格地控制传染源、切断传染渠道，就不能阻断疫情大流行，本着保障中国人民以及全世界人民生存权的基本原则，中国领导人遵循疫情防控规律，以巨大的政治勇气和决断力，果断采取了"封城"这一历史壮举、历史义举，在疫情核心区筑起了遏制蔓延、保卫生命的第一道防线。湖北以外的各省（市、区）也立即行动，按照相关法律程序，在 1 月底全部启动重大公共卫生事件一级响应，全力打好疫情防控阻击战。世卫组织总干事谭德塞 2 月 15 日对此评价说："中国为从源头控制疫情所采取的强有力防控措施令人鼓舞。"《中国—世界卫生组织新型冠状病毒肺炎（COVID-19）联合考察报告》认为，"面对这种前所未知的病毒，中国采取了历史上最勇敢、最灵活、最积极的防控措施"。近期，一些国家在面对其国内日益严峻的疫情防控形势时，也开始采取类似应急措施，比如意大利从 3 月 10 日起，在全国范围内实施"封城"，要求除可证明的工作、健康和紧急需求三种特殊原因，全国范围内的民众不得擅自离开所在地。这也进一步印证了中国采取这一做法的必要性和重要性。

人类抗击流感病毒的历史教训启示我们，迟疑不决甚至让意识形态凌驾于科学之上只会导致更多人为此付出宝贵生命。历史上一些疫情防控，因决策迟疑而付出了惨痛代价。发生时间太过久远的可能参考价值有限，疫情暴发国家自身综合实力不强的也许情有可原，但并不乏有说服力的案例。10 多年前美国的 H1N1 病毒防疫过程殷鉴不远。美国 2009 年 4 月暴发了 H1N1 流感病毒疫情，6 个月后才宣布全国进入紧急状态，最终导致病毒蔓延到全世界 214 个国家和地区，当年造成至少 18449 人死亡。这并不单纯是统计数字，而是以生命为代价的惨痛教训。对于中国此次疫情防控的做法，世卫组织总干事谭德塞 2 月 15 日评价说，"中国为世界防控疫情赢得了时间。"《中国—世界卫生组织新型冠状病毒肺炎（COVID-19）联合考察报告》认为，"估计中国采取的政府主导的全社会防控措施成功避免或至少预防了全国范围内数十万病例的发生，构建起了防止疾病国际传播强有力的第一道防线"。国际著名医学期刊《柳叶刀》3 月 8 日发表的社论也指出，中国政府已成功挽救了成千上万人的生命。抛开那些大道理，每个国家、每个人都可以设身处地假想一下，面对疫情，让更多人活下来难道不是最大的人权？

以人民为中心的疫情防控，展现了中国特色社会主义制度的显著优势，得到了具有奉献精神的全中国 14 亿人民的鼎力支持。基于中国"集中力量办大事""全国一盘棋"的制度优势，我们在极短时间内从全国范围调派了 344 支医疗队、42342 名医护人员，奔赴湖北抗疫最前线，在极短时间内突击建成火神山、雷神山和 16 家方舱医院等应急医疗设施，展现了"中国速度""中国效率"，在极短时间内生产出数十亿只口罩、数千万套防护服、数百万件病毒检测试剂，为打赢这场抗疫战争打下了坚定的物质基础。这一过程中，无数疫情防控一线工作人员特别是医务工作者，"牺牲小我、成就大我"，诠释了敬佑生命、救死扶伤的崇高精神。他们用防护服下流淌的汗水和被消毒液浸白的双手换来了一个个患者的康复，筑起了生命的防线。正如诗人泰戈尔所说："我们惟有献出生命，才能得到生命。"同时，尽管严格隔离会导致生活受到一定影响，但中国人民将居家隔离作为其对家人、对社区和对国家的责任，忍受多日封闭在家的精神压力，自觉配合和积极支持疫情防控，为战胜疫情作出了不可或缺的贡献。联合国秘书长古特雷斯 2 月 24 日在日内瓦与世卫组织共同举行的记者会上表示，"感谢中国所有为了避免 2019 冠状病毒传播而放弃正常生活的人所作的牺牲，你们正在为全人类服务"。经过全国上下共同努力，疫情防控形势持续向好。对此，国际社会普遍认为，中国采取的坚决有力的防控措施，展现的出色领导能力、应对能力、组织动员能力、贯彻执行能力，是其他国家做不到的，为世界防疫树立了典范。

中国财政兜底负担患者诊疗费用和保障群众基本生活，体现了对人民生存权的全方位保障。尽管中国尚只是发展中国家，2020年的财政收支压力很大，但中国政府全力救治每一个病患，全力救助因疫情而受影响的企业和群体。中国政府早在2月初就明确宣布，医疗机构先救治、后收费，确保患者不因费用问题影响检查和治疗。对确诊患者个人负担费用实行财政兜底，中央财政补助60%；对疑似患者，由就医地制定财政补助政策，中央财政视情给予适当补助。此外，还通过及时足额发放各类补助、应保尽保、加大临时救助力度、救助帮扶外来人员、提供基本照料服务等具体措施，尽力做好困难群众的基本生活保障工作。

二、奉行以人民为中心的人权理念，统筹推进疫情防控和经济社会发展，最大限度保障人民发展权

统筹推进疫情防控和经济社会发展，就是统筹生存权与发展权。联合国《发展权利宣言》确认，发展权是一项不可剥夺的人权。发展也是抗击疫情的根本支撑，保持和恢复正常的生产生活秩序，确保人民群众有工作、有收入、有教育，就是保障发展权。疫情使中国的各项经济社会活动都按下了"暂停键"，但当防控形势积极向好的态势逐步形成并巩固的时候，中国政府适时作出统筹推进疫情防控和经济社会发展的重大决策。对此，英国48家集团俱乐部主席斯蒂芬·佩里评价说，中国在防控疫情的同时作出有序复产复工的决定，这并非易事，但这是正确决策，体现出决策者的大局观和长远眼光。

在控制疫情传播的同时有序推进复工复产，不让经济社会停摆。经济社会是一个动态循环系统，不能长时间停摆。疫情暴发之际，正是中国一年中最重要的春节时分，员工难以安全及时地返岗，多数企业都面临复工复产的困难。对此，中国政府、企业和个人通力合作，努力恢复生产。为了尽可能识别高风险群体降低疫情传播风险，浙江等省市创新利用大数据"健康码"精准识别疫情风险。一些企业利用数字化技术，尽可能让员工在家"云办公"，包括腾讯、阿里钉钉等许多企业将云办公系统免费提供社会使用。一些企业采取包车包专列甚至包飞机等形式，点对点接送员工，最大限度减少员工

返岗的中转环节，降低传染风险，助力复工复产。一些地方政府通过奖励、市场化采购等方式多渠道为企业解决防疫物资不足这个复工复产中的"第一道坎"。

对受疫情冲击较大的小微企业全面帮扶，增强其自生能力。与大企业相比，小微企业抗冲击能力弱，这些企业不仅提供了大量就业，其经营状况还直接关系到人民群众的生计。为此，从政府到社会，各方都伸出了援助之手。政府层面出台了阶段性减免基本养老、失业和工伤保险、减免增值税、提供稳岗补贴等系列政策，尽可能降低企业成本。金融机构急人民之所急，主动提供低息贷款和再贷款，对部分困难企业阶段性延期还本付息，防止资金链断裂。房屋产权单位主动减免租金，供电、供热和供水企业主动提供帮助，不因欠费而停供。这场防疫斗争涌现出了数不胜数的团结友爱互帮互助事例，彰显了亿万普通中国人根植于血脉的大仁大义。

加大对贫困群体的支持力度，保障社会底层成员的发展权利。贫困人口经济基础差，对疫情的抵抗能力弱。虽然脱贫攻坚战使贫困人口的占比已显著下降，但500多万人的绝对规模以及因疫返贫的风险决定了始终必须高度关注贫困群体的生产生活。在疫情防控的关键时期，中国领导人主持召开了"决战决胜脱贫攻坚座谈会"，明确要求要以更大决心、更强力度推进脱贫攻坚，坚决克服新冠肺炎疫情影响，坚决夺取脱贫攻坚战全面胜利。各地也努力克服疫情影响，统筹推进疫情防控和脱贫攻坚，优先支持贫困劳动力务工就业，鼓励企业更多招用贫困家庭人员。中国还采取了独特的由相对发达地区对贫困地区的"对口帮扶"政策。

力保疫情期间不间断教学，保障大中小学生特别是偏远地区孩子的平等受教育权利。面对突如其来的疫情，中国各地的大、中、小学校纷纷延期开学，1.03亿小学生、8600万初高中生，以及2800万大学生不能按时返校。各地的学校、老师充分利用现代网络技术，开展网上教学。针对少数农村偏远地区网络信号弱的问题，当地电信部门第一时间进行处理，增建网络基站，或者安装网络信号放大器，并为贫困学生提供免费流量服务，为普通学生提供优惠流量包，"绝不让一个学生缺课"。

三、奉行以人民为中心的人权理念，携手多个国家和国际组织 共同应对疫情，努力构建人类命运共同体

中国首倡的人类命运共同体理念已得到越来越多国家的欢迎和认同，并被写进了多份联合国重要文件。中国共产党第十九次全国代表大会报告宣示了中国愿同各方推动构建人类命运共同体的真诚愿望，并且指出重大传染性疾病等传统安全威胁是人类面临的许多共同挑战之一，"没有哪个国家能够独自应对人类面临的各种挑战，也没有哪个国家能够退回到自我封闭的孤岛"。习近平主席在多个外交场合发出倡议，各国人民应同心协力、携手前行，努力构建人类命运共同体，共创和平、安宁、繁荣、开放、美丽的世界。

中国是迄今为止全球抗疫的主战场，中国人民付出的艰苦努力和巨大牺牲有效降低了病毒对更多人生命安全的威胁。中国采取强有力防控措施，不仅维护了中国人民和在华外国公民的生命安全和身体健康，也为世界公共卫生事业作出了重大贡献。国际顶级学术期刊《科学》3月6日发表的一篇论文显示，截至2月中旬武汉"封城"减少了80%的国际传播。同时，国际社会普遍认为，中国在全面有力防控疫情的同时，积极主动同世卫组织和国际社会开展合作和信息交流，迅速分享部分毒株全基因组序列，研制成功快速检测试剂盒，努力防止疫情在世界蔓延，不仅是在对中国人民生命安全和身体健康负责，也是在为世界公共卫生事业作贡献。埃塞俄比亚、古巴等多国领导人在致电中国领导人时都对中国有效保障其在华人员的健康和安全表达诚挚感谢。

中国得到了很多国家和国际组织的支持帮助，也对很多其他国家伸出了援手。道不远人，人无异国。新冠肺炎疫情发生以来，国际社会向中国提供了真诚、友善的帮助。170多个国家领导人和40多个国际和地区组织负责人以电话、信函、声明等方式对中国表示慰问和支持。截至3月2日，共有62个国家和7个国际组织承诺向我捐助疫情防控物资，其中46个国家和6个国际组织的相关物资已运抵中国；12个国家和国际组织已向我提供或宣布提供食品、现金等其他形式的物资支持。这些都让中国人民感受到了真切的温暖，

让中国更有信心、有能力、有把握早日战胜疫情。投我以木桃，报之以琼瑶。中国不仅及时向国际组织及其他国家分享疫情防控和诊疗方案，还在国内疫情防控形势稍有好转之时就积极伸出援手。中国政府向世卫组织捐款 2000 万美元，用以支持其开展抗击新冠肺炎疫情的国际合作；向巴基斯坦、日本、伊朗、非盟等提供检测试剂；目前正积极推进向韩国、伊拉克、柬埔寨、缅甸、斯里兰卡等有急需的国家提供医疗物资等必要援助。中国红十字会志愿专家团队还携带援助医疗物资奔赴伊朗。这些都是人类命运共同体理念的生动诠释。

面对人类共同的重大威胁，同舟共济、同心协力是保障好世界人权的唯一出路。重大疫情应对不利，不仅会严重损害世界各国人民的生命安全和身体健康，还会对世界经济增长前景和人民生活水平带来负面影响。正如世卫组织总干事谭德塞 3 月 5 日在疫情媒体通报会上最后讲到的，"这并非只是对个别人或个别国家的威胁。大敌当前，我们唯有同舟共济，拯救生命"，面对全人类共同的威胁，世界比任何时候都更加需要紧密的团结协作。这也是所有有识之士的愿望和期盼。"各人自扫门前雪，莫管他人瓦上霜"的国家，最终只会搬起石头砸自己的脚；横加指责、坐而论道的一小撮人，看似是在维护人权，实则是在最残酷地践踏人权。

沧海横流，方显英雄本色；大疫当前，可观大国壮举。在这场悲壮的战"疫"中，14 亿中国人民所展现出来的大仁大义，就是新时代中国尊重和保障人权的一次伟大实践。

战 "疫" 展现中国人权大国形象

刘　英[*]

（《环球时报》　2020 年 2 月 29 日）

在全球应战新冠肺炎疫情的过程中，有国外媒体拿人权论对中国的抗疫措施评头论足，这些指责显然与中国齐心抗疫的实际情况不符。

应该看到，在疫情向更多国家蔓延的紧急时刻，需要处理好 "大人权" 与 "小人权" 之间的关系，需要处理好个人便利与集体安全之间的关系，需要处理好局部与整体、短期与长期之间的关系。而对事实进行全面分析后可以发现：中国为抗疫所采取的措施不是损害人权而是保护了人权；作为全球抗疫第一线，中国所做出的努力与牺牲体现了人权大国的形象。

面对这场自新中国成立以来防控难度最大的重大突发公共卫生事件，中国政府当机立断对武汉人员外流实施全面严格管控，目的是为了快速阻断疫情的传播与蔓延，保护人民的生命安全。紧急措施给人们生活工作带来了不便，但这是大疫当前，打赢疫情阻击战必须采取的临时举措。

1100 多万人口的武汉地处九省通衢，又时值中国春运高峰期。试想，如不及时封城，病毒将向全国乃至全球快速大量地传播，必然导致疫情迅速蔓延。这种情况一旦发生，有限的医疗资源和物资更会捉襟见肘，不仅对武汉的疫情救治产生不利影响，而且对全国、全世界人民都将产生巨大危险。正是及时果断的封城措施迅速遏制疫情的蔓延和传播，隔离是对新型传染病采取的

---

　* 作者刘英系中国人民大学重阳金融研究院研究员。

有效举措。将疫情造成的损失降到最低，这正是中国重视人权，保障人权的具体体现。

有人抱怨为了战"疫"，饭店、影院和商场都关门停业，春节假期也延长了，使经济出现下滑，企业和个人的收入也受到影响，甚至在一定程度上对全球供应链产生冲击。但疫情面前绝不支持"生命诚可贵，经济价更高"这样的价值观，经济可以延后发展，但生命无法等待。比起经济的下滑甚至短期停摆，遏制疫情扩散，最大限度拯救患者生命才是最重要的，保障生命就是在保障人权。

正是由于前期采取了果断措施，疫情才能被快速遏制，为此后全国范围的分级分类分区稳妥有序复工复产创造了条件。在抗击疫情的同时，党中央国务院各部委及30多个省市自治区快速推出了数百份支持抗击疫情和恢复经济的文件，加大逆调节力度，财政及货币政策也迅速有效出招，以降低疫情对经济的影响，稳住经济、保障民生、稳定供给，更好地保护生命，保护人权。

在抗击新冠肺炎疫情的过程中，全球上百个国家和地区向中国伸出援手。日本民间在捐献口罩、防护服的包装上留下"岂曰无衣，与子同裳"的诗句，令中国人民深受感动。而在日本疫情上升时，中国也毫不犹豫地向日本捐出12500份检测试剂盒，帮助日本尽快确认患者，尽速控制疫情，尽快治愈患者。

在当下中国疫情有所缓解，而韩国等国疫情紧张的情况下，我们正全力以赴与各国人民一道共同抗击疫情。而在抗击疫情的过程中，中国总结出包括网格化治理等很多成功经验，以及为对冲经济下行风险而采取的有效的财政、货币等宏观调控举措，并愿意加强与各国的宏观政策协调力度，密切合作共同尽速战胜疫情，共同应对世界经济下行的压力。这才是保护最大的人权。

中西战"疫"折射人权真假

许启启 *

（中国网　2020年3月20日）

新型冠状病毒肺炎疫情是中国及国际社会近几十年来面临的最严峻的一次公共卫生危机。疫情应对就像一面镜子，映照出某些西方国家在人权问题上的虚伪和"双标"，也充分展现了中国以人民为中心的执政理念。谁在切实保障人民的生命健康权，中西面对疫情的表现，给了人们现实答案。

疫情应对暴露某些西方国家人权的虚伪

长期以来，一些西方国家自诩为"人权卫士"，充当"世界人权法官"，动不动就对别国人权状况指指点点，对中国尤其如此。但面对疫情挑战，这些"人权卫道士"不仅没有展现出应有的担当，而且是在民众生命面临威胁和危险的时刻，逃避责任，无所作为，某些西方国家的人权问题上的虚伪彻底暴露在世人面前。

中国全力遏制疫情蔓延为西方国家赢得了一个多月的宝贵时间，但某些西方政府并没有出于对民众生命的责任和担当，采取有力措施进行防控，而是把注意力放在隔岸观火和抹黑中国上。疫情扩散后，美国官员抛出"80%的患者都能自愈论"，人为淡化疫情风险，将民众置于危险境地。特朗普政府自诩有着强大的医疗团队和应对能力，却刻意提高病毒检测标准，普通民

---

　*　作者许启启系当代中国与世界研究院专项舆情研究中心舆情分析师。

众难以获得检测。29 岁美国知名音乐作曲家安德鲁·瓦特（Andrew Watt）在社交媒体上贴文称，他感觉非常不舒服，尽管他一再请求做新冠测试，但因为当地一些规定，都被拒绝，最后，他不得不找到一位私人医生帮他检测，之后确定为阳性。英国领导人一度打算放弃抵抗，宣布采取所谓的"拖延"策略，任由疫情扩散进而实现"群体免疫"。英国 440 多名科学家连发三封公开信批评政府在拿民众的生命安全与健康进行"豪赌"。在疫情应对时，美国等这些平时高喊保护人权的西方国家，却在疫情蔓延的关键时刻，出于担心影响经济的原因，拒绝采取严格隔断传播链的措施，漠视民众最基本的生命健康权。殊不知，没有生命，一切权利都无从谈起，疫情应对揭开了西方人权虚伪的面纱。

西方舆论的人权"双标"充分显现

在舆论层面，某些西方国家在人权问题上的"双标"更是明显。疫情在中国暴发后，部分西方媒体长时间集中报道，负面炒作不断，质疑中国的疫情防控举措，进而攻击中国政治体制。为防止疫情传染给更多民众，中国果断对武汉"封城"，美国《纽约时报》等西方媒体指责中国"为抗击病毒将 6000 万人置于封锁之下，给人民的生活和个人自由带来了巨大损失"。然而，意大利因为疫情严峻"封城"，《纽约时报》却夸赞意大利封城之举是"冒着经济风险保全欧洲"。同样是"封城"，一个是"侵犯人权"，另一个却成了"崇高的牺牲"。之后，面对疫情的冲击，这些指责中国"封城侵犯人权"的国家，也纷纷采取"封国"或"封城"等措施。某些西方国家一向批评中国没有"透明度"、民众"没有知情权"，但面对人们最想知道的疫情情况，美国和瑞典政府却公开宣布停止统计新冠肺炎确诊数据。

中国政府将人民生命健康权置于首位

生命重于泰山。面对疫情，中国政府展现出对人民身体健康和生命高度负责的态度，不惜经济停摆的巨大代价，采取了最坚决、最彻底的阻断措施，尽一切努力救治患者、挽救生命。中国采取了应检尽检、应隔尽隔、应收尽收、应治尽治的政策，免费检测、免费治疗，确保不让任何一人因费用问题得不到检查和治疗。在开展救治的同时，中国统筹推进疫情防控和经济社会发展，最大限度保障人民发展权。此外，出于人类命运共同体的理念，中国高度重视疫情防控的国际合作，第一时间向国际社会分享新冠病毒全基因组序列，协助全球抗疫。中国力所能及地为韩国、意大利、法国、塞尔维亚、埃及、南非等境外疫情国家提供抗疫物资援助和医疗，生动诠释了人类命运共同体理念。

此次疫情应对，使中国和世界人民更加清楚地看到谁才真正重视和关心基本人权，也充分暴露某些西方国家在人权问题上的"双重标准"和虚伪一面。

疫情防控中的人权冲突及其整合之道[*]

汪习根　王文静[*]

(《人权》杂志　2020 年第 3 期)

新冠疫情全球大暴发,给全体人类的生命健康带来严峻挑战和巨大威胁,人类的生存权和发展权正在遭受无比惨痛的危害。为了有力应对疫情,基于尊重人权、社会连带和团结协作的抗疫模式显现出人类的理性优势。然而,在不同治理模式和人权价值观之下,生命权、健康权与自由权、经济权、平等权,以及不同主体的权利之间冲突不断显现,甚至在某些大国引发价值撕裂和危机失控[1]。实践一再证明,在医疗资源需求瞬时剧增和社会管控力度骤然加大的紧急状态下,基于公共卫生权利引发的不同人权价值冲突之整合对凝聚抗疫内生合力和高效动能具有重大前提性意义。为此,本文从人权法理学视角,在人权主体、形式和价值内容三大层面揭示疫情防控视野下人权

---

 * 本文是国家社科基金重大项目"社会主义核心价值观与教育法律制度的完善研究"(项目编号:19VHJ010)的阶段性成果之一。

 * 作者汪习根系华中科技大学法学院院长,人权法律研究院院长,教育部长江学者特聘教授,博士研究生导师。作者王文静系华中科技大学法学院博士研究生,主要研究法理学、人权法。

[1] 针对美国成为新冠疫情感染人数和死亡人数最多国家的深层原因,诺贝尔经济学奖获得者保罗·克鲁格曼在《纽约时报》发表专栏文章《美国:否认与死亡之国》,指出,在发达国家当中,美国处在最糟糕的疫情发展轨迹上——比意大利还要糟糕。现在美国的确诊病例每三天翻一番。……为什么美国对这场危机的应对如此之差。特朗普的昏庸,显然是一个重要因素。数以千计的美国人正在死去,而这位总统还在炫耀他的新闻发布会收视率。但这不只是一个人的问题。在发达国家中,美国一直以来都是一个最突出的"否认和死亡之国"。美国国家性格上存在的这些缺陷,现在不过是在以越来越惊人的速度显现出来。"否认"即否认科学,抗疫工作迅速被政治化,即被说成是用来伤害特朗普、宣传社会主义或者达到其他目的的骗局。"死亡"即美国的人均预期寿命是所有发达国家最低的。Paul Krugman, *This Land of Denial and Death: Covid-19 and the dark side of American exceptionalism*, May 31, 2020.

冲突的整合之道。

一、基于主体的人权冲突及其整合

人权总是为特定的主体所享有，但不同主体的人权并不一定总能得到均衡配置和公平分享。在疫情暴发期，人权客体资源的匮乏性和配置效能受制，必然会导致人权在不同主体之间的紧张关系。生命健康权是疫情防控致力保护的首要人权。在此，以生命健康权为重点，剖析不同主体的人权价值冲突形式以及对冲突之整合的法律原则与方式。

1. 新冠肺炎患者与其他严重疾病患者之间的人权关系

突发公共卫生事件往往来势凶猛，爆发力强，严重冲击一国乃至全球医疗体系。从各国的现状看，即使是再先进的国家医疗体系，也难以迅速充分满足应对疫情之需。实践表明，当疫情区的医疗系统在早期濒临崩溃的险境下，社会正常医疗服务最大限度地让位于新冠病毒肺炎检测与患者救治。而除了新冠肺炎患者之外，对其他严重甚至垂危病患者如何救治，便成为横亘在新冠和非新冠患者这两类不同主体权利之间的障碍，容易引发主体的权利冲突。《经济、社会和文化权利国际公约》第 12 条对健康权的主体明确使用的是"人人"[2]二字，为实现人人享有健康权，规定了四个基本步骤，其中，第四项规定"创造保证人人在患病时能得到医疗照顾的条件"，再一次强调了"人人"的必要性。而且，"即使在资源非常有限之时，各国也必须通过采取费用相对较低的针对性方案，保护社会中的弱势成员"。[3]也就是"处于最不利、最被边缘化的成员或群体"。[4]这一意见是否及于疫情防控时期的非新冠患者，或者是否及于所有的非新冠患者？尽管该意见在文本中没有采取列举的方式明确加以表述，但是，健康权的四大构成要素无一不体现了

---

[2]公约第十二条规定："本公约缔约各国承认人人有权享有能达到的最高的体质和心理健康的标准"（参见《经济、社会和文化权利国际公约》，联合国大会一九六六年十二月十六日第 2200A(XXI) 号决议）。

[3]参见经济、社会和文化权利委员会第 3 号一般性意见第 12 段。此外，经济、社会和文化权利委员会第 14 号一般性意见明确提出了针对健康权的"不歧视与平等待遇"。

[4] CESCR, *An Evaluation of the Obligation to Take Steps to the "Maximum of Available Resources" Under an Optional Protocol to the Covenant*, E/C.12/2007/1, May 10, 2007, [4].

平等保护每一个人的基本精神，即确保"在紧急情况下，公民能够及时获得医疗服务"[5]。其中，"可用性"是指国家必须有"足够数量"的卫生资源供全体患者享有。"可及性"将"不歧视"作为第一要义，"不歧视"中的"歧视"既指实施不合理差别、区别、不平等待遇的积极歧视，又指不提供相应资源与服务的消极歧视。可见，全面平等保护而非顾此失彼，是国际人权法对健康权保护的基本原则。

　　本文认为，应当坚持以下四个基本原则处理权利的冲突：一是分类施治原则。当今世界，存在两种不同的医疗模式：社区自治的分散模式和政府主导的集中模式，两者各有利弊，分别适用于不同制度情景。在疫情暴发期，可以兼采其长而回避其短，坚持政府主导和社会自理相结合的路径，最大限度地调集资源，对新冠患者集中隔离治疗，同时，对非新冠的其他患者分类施治，一般的患者居家治疗，中度或较重症患者实施社区治疗，急危重症尤其是生命垂危者则集中优质资源进行统一有效的治疗。"要统筹做好其他疾病患者医疗救治工作，做到急重症患者救治有保障、慢性病患者用药有供应、一般患者就医有渠道。"[6]二是优先原则。即疫情防控优先考虑，非疫情需求适度让位，这已是不争的事实。问题的关键不在于是否应当优先，而在于优先的程度和比例。这一点应当从两个方面加以界定：在质上，让尽可能多的医疗资源配给到新冠疫情应对之上，即实行新冠疫情防控与新冠患者治疗优先于其他一般患者；在量上，非新冠患者尤其是普通轻症疾病患者在此等紧急状态下，应当适当让渡一部分权利，这一被让渡的权利可以主要量化为优质医疗资源选择权、住院救治权这两个类型的权利。三是底线原则。新冠患者优先绝不是意味着放弃其他疾病患者，相反，应当守住一个底线，即对非新冠的其他重症患者，应当提供基本医疗服务。医疗体系中应当及时调配部分资源或保留有限资源保障危重症患者的住院治疗等基本权利。四是克减原则。鉴于资源的有限性甚至极度匮乏，在疫情暴发的高峰期，对于非新冠

---

[5] 朱力宇、叶传星：《人权法》，中国人民大学出版社 2017 年版，第 237 页。

[6] 习近平："在统筹推进新冠肺炎疫情防控和经济社会发展工作部署会议上的讲话"，《人民日报》2020年 2 月 24 日。

患者实行两分法，一部分是危重症患者的权利不得克减，另一部分是非重症患者的权利可以克减，以便为新冠患者保留必要资源。从法理上看，人权克减的合法限度在于对生命权的保护。当发生危害生命权的突发公共卫生事件时，以生命权为重心，可以对其他人权进行限制。但是，这一限制不得超过必要限度。《公民权利和政治权利国际公约》第四条规定："在社会紧急状态威胁到国家的生命并经正式宣布时，本公约缔约国得采取措施克减其在本公约下所承担的义务，但克减的程度以紧急情势所严格需要者为限，此等措施并不得与它根据国际法所负有的其他义务相矛盾，且不得包含纯粹基于种族、肤色、性别、语言、宗教或社会出身的理由的歧视。"而对该公约人权克减限度进行解释的"锡拉库扎原则"在第 25 条规定，"公共卫生可被援引为限制某些人权的理由"[7]。据此，对非新冠患者中的重症尤其是急危重症患者，由于其生命权所遭受的威胁与新冠患者是同等的，所以，不得适用该第四条而克减其获得与常态化下相同的救治权。而对于非急危重症的非新冠患者，由于其生命权并无危险，故而在生命权和其他权利的权衡中，优先保护新冠患者而适当克减非新冠患者权利是有法可依、于理有据的。但是，无论如何，不可适得其反，完全无视非新冠患者的医疗救治权。我们认为，对后者，可以克减的权利仅限于优质资源使用权和医疗资源选择权之类的权利，而对于基本医疗权利则不得克减。其中又可分解为基本药物和医疗方案的可及性两类。为达此目的，建立政府主导的平台渠道极为重要，有助于克服社会自组织的无序，在公权力的强干预下最大限度释放社会活力。

2. 老年人与年轻人之间的人权关系

当几近崩溃的医疗体系无法救治所有新冠患者时，人类不仅面临来自病毒的危机，而且可能面临人道主义危机，这绝非危言耸听。据报道，意大利提倡老年人将救治机会让给年轻人，其医疗组织 SIAARTI（Società Italiana di Anestesia Analgesia Rianimazione e Terapia Intensiva）发布了针对医务工作者

---

[7] United Nations, Economic and Social Council, *Siracusa Principles on the Limitation and Derogation Provisions in the International Covenant on Civil and Political Rights*, U.N. Doc. E/CN.4/1985/4, Annex (1985), Article 25.

的指导手册，其中第三条指出，为了节省医疗资源，使其达到最佳效果，即需要对 ICU 使用设立门槛，优先治疗年轻人。有些医院已经放弃治疗 65 岁以上的老人，不再给 65 岁以上的人戴呼吸机。[8] 英国部长鲍里斯·约翰逊建议 70 岁以上的成年人应该自我隔离 4 个月。[9] 在美国，有的年轻人将新冠肺炎称为 "boomer remover"，即 "老年人消灭者"[10]。究其根源，早在乔治·W. 布什政府时期，为了计算出降低过早死亡率的价值，改变为每拯救一条生命估价 610 万美元的做法，而是采用了年龄折扣：70 岁以上的人只占年轻人生命价值的 67%。[11] 而实际上，试图牺牲老年人生命以便儿孙成为继承者的想法，无疑 "是一个骗人的幻想"。因为，其后果是 "大量的老人可能会为了年轻人而牺牲自己的生命"。"60 岁及以上的人在这场危机中变得更加脆弱，他们不只是对于病毒而言是脆弱的，更重要的危险来自于年龄歧视的态度。"[12]

解决不同主体之间的人权冲突，首先应当坚守一个基本理念：平等尊重全体人类中的每一个个体的人格价值，克服社会达尔文主义。歧视老年人似乎具有理论基础："最好的或有组织的，或最健康的，或最活跃的，或最受保护的，或最聪明的，从长远来看，满足这些条件的人必然会比其他人占优势。"[13] 由于疫情暴发加剧了 "年龄歧视"（Ageism）和 "代际紧张"，[14] 而这在实质上既是对正义的损害，更是对全体人类共享人权的无情挑战。为此，在利益上，必须坚守利益衡量的理性原则，抛弃选择性治疗的非人性思维。

[8] Yascha Mounk, "The Extraordinary Decisions Facing Italian Doctors", March 11, 2020, *The Atlantic*, https://www.theatlantic.com/ideas/archive/2020/03/who-gets-hospital-bed-607807/, last visited April 24, 2020.

[9] Ayalon Liat, "There is nothing new under the sun: Ageism and intergenerational tension in the age of the COVID-19 outbreak", *International psychogeriatrics,* 2020.

[10] Mary Schmich, "Column: COVID-19 as the 'Boomer Remover'? Let's talk about that", *Chicago Tribune*, March 24, 2020.

[11] Eduardo Porter, Jim Tankersley, "Shutdown Spotlights Economic Cost of Saving Lives", *The New York Times*, Published March 24, 2020, Updated April 13, 2020, https://www.nytimes.com/2020/03/24/business/economy/coronavirus-economy.html?_ga=2.87494488.1184843226.1588287490-836555834.1588287490.

[12] Mary Schmich, "Column: COVID-19 as the 'Boomer Remover'? Let's talk about that", *Chicago Tribune*, March 24, 2020.

[13] C. Fuchs, "Everyday Life and Everyday Communication in Coronavirus Capitalism", *triple C*, 2020, 18 (1): 375-399.

[14] Bratt Christopher, Abrams Dominic, Swift Hannah J., "Supporting the old but neglecting the young? The two faces of ageism", *Developmental Psychology*, 2020, 56 (5).

放弃老人的做法实属无奈之举，无法从个案正义的层面判断孰是孰非。但是，这并不意味着可以熟视无睹，更不意味着应当保持沉默。相反，应当克服个案正义的局限，从社会正义的视角加以理性审视。从这一意义上看，这种现象究其实质无疑是"丛林法则""洞穴奇案"的翻版和变种。人权法理学指明，人是等价的，不同的个体，其价值是无法比较出高低大小的，不能简单地以对社会的贡献或实用主义的标准来判定个人价值。否则，势必陷入等级论、人种优越论的危险境地。

其次，引入关于分配正义的外部视角，创设实现分配正义的社会条件。西方的正义论者，无论是亚里斯多德还是罗尔斯，都只是就正义而论正义，即使罗尔斯论及社会制度的正义，却也是囿于对既存资源的分配而无暇顾及现有制度正义的外部资源供给问题。实际上，分配的正义既是对现有资源如何分配的制度安排，又直接涉及资源供给是否充足。在抗击疫情的非常时期，只研究前者而无视后者是无法解决问题的，而这正是导致选择性治疗的"理论之恶"所在。在一般状态下，当医疗资源基本可以满足社会需求时，科学配置内部医疗资源即可满足分配正义；而在非常态时期，则必须求助于外部资源的供给。所以，应当特别强调：一是在理念上，从内部的资源配置转向外部的资源储备、资源筹措和资源调集，构建医疗应急资源储备法律制度。二是在内容上，明确应急医疗物质筹措供给法律关系的性质、内容，权利与义务关系的模式尤其是责任主体、责任形式。三是在主体上，依法建立并强化国家应急医疗物质储备中心，在法律上强制确立其职权、职责或义务及其法定责任，重点明确履行职责的路径方式以及法律责任。四是在实施上，强化能力建设，将应急医疗物质供给作为社会福利必不可少的基本构成要素，纳入国家预算体系、社会救助体系，并辅之以民间力量的有效支撑。做到筹措和供给相互衔接，相互支撑，既要实现筹措体制和筹措能力的现代化，又要实现配置体制和配置能力的现代化，切实防止出现如禁止医疗机构直接接受捐赠、慈善机构疲软乏力等筹措不力或配置失序的两极格局。五是在时限上，克服短期行为，改变物资供给的应急性思维和非常态逻辑，转而树立常态化意识，正所谓"养兵千日，用兵一时"。的确，与疫情的偶发性突发性一样，疫情防控具有应急性，但疫情防控物质的供给则绝非简单靠一时动员即可获得的。疫情恐慌既是对疾病的恐慌，也是由物质短缺引发的恐慌。所以，必须实现两个转变：从应急性思维转向一般性思维、从非常态思维转向常态化思维，实现储备的常态化与供给的非常态的有机统一。对此，在一定意义上，一个重要的判断标准是："国家是否在向公共卫生保健系统提供资金和规范私人卫生计划费用之间，取得了最适当的平衡。"[15]

此外，在法律上，实现从经验向理性的转变。湖北治愈3600多位80岁以上新冠肺炎患者[16]，以至于世界卫生组织（WHO）事务局长助理布鲁斯·埃尔沃德曾发出这样的感慨："如果我感染了，我希望在中国治疗。"[17]中国实施"应检尽检、应收尽收、应治尽治"救治策略，强调切实保障老年人等特殊人群的生命安全和身体健康[18]，无疑彰显了平等保护每一个个体无差别享有医疗救治权利的价值精神，值得将经验转化为逻辑，吸收进相关法律修正案之中，成为未来的强制性行为规范，导引应对日后未知疫情实践。

3. 疫情中心区域与外部人群的权利关系

疫情隔离制度对抗击疫情至关重要，在疫情期实施最为全面严格的隔离制度，成为阻断疫情蔓延的最主要方式，被实践证明为科学高效。当然，如果对来自疫情中心区的公民或与之有身份关联而无旅行接触史的公民，全然采取拒绝准入的措施，则涉嫌歧视。比如，在极个别地方，"封城"前在外地的湖北人在"封城"后被拒绝入住酒店、湖北籍公民被强制终止租房协议，疫情好转后个别湖北人到外地准备复工，被拒绝入城甚至遭返。[19]在此次抗击疫情中，通过强化依法治理平等保护，切实防止和矫正此类行为，所累

---

[15] 经济、社会和文化权利委员会的结论性意见：芬兰，E/C.12/1/Add.52, December 2000,［31］。

[16] "湖北治愈3600多位80岁以上新冠肺炎患者——敬佑生命用心用情"，《人民日报》2020年4月14日。

[17] "世卫组织专家：如果我感染了，希望在中国治疗！"，新华网：http://www.xinhuanet.com/politics/2020-02/28/c_1125638163.htm，访问日期：2020年4月4日。

[18] 《国务院应对新型冠状病毒感染肺炎疫情联防联控机制关于进一步做好民政服务机构疫情防控工作的通知》，国发明电〔2020〕6号，中国政府网：http://www.gov.cn/zhengce/content/2020-02/28/content_5484533.htm，访问日期：2020年4月4日。

[19] 参见"除健康码外不要再增加其他条件"，《法制日报》2020年4月17日，http://difang.gmw.cn/2020-04/17/content_33746519.htm?s=gmwreco&p=2，访问日期：2020年4月4日。

积的实践经验值得及时纳入法律调控范畴。"我们旗帜鲜明地反对'中国病毒'之类的国际种族歧视，也不能允许本国针对特定群体尤其是'湖北人'在法律允许范围以外的区别对待"[20]。问题的关键在于，究竟如何确定合理差别和身份歧视之间的法律界限？现有的原则性意见如何才能具有法律上的可操作性？在此，限于篇幅，仅以健康码为例进行论证。

为了解决流动人口的健康查证与核实问题，实施的"健康码"制度值得推广，也需要不断完善。其中的关键问题是健康码的效力冲突问题，不同区域对待健康码的态度不尽相同，存在健康码的地方主义。特别是对于疫情中心区域公民的健康码，不同地区的认可度存在重大差别，极个别地方甚至不予认可，拒绝持有者入境。要解决这些问题，必须"在人员管控、健康码互认等方面要做到政策统一、标准一致。"[21]为此，应当在法律上构建完善的健康认证制度：一是法律效力地位。健康码制度作为一种防控手段，就属性而言至多只是一种行政管理方式，其本身并无法律效力。在修订相关公共卫生事件应对法律文本时，可以考虑建立健康认证法律制度，实现健康认证的法律化，赋予健康认证以法律效力，确保其在法律上的强制力。地方性规范或措施与之不一致时，应属于无效，不得以地方的土法土规予以对抗。二是法律效力范围。健康码一经生成和法律确认，便具有了法律效力，这种法上的拘束力高于政策和习惯规范的效力，因此，不能以行政或习惯做法来否定健康码的法律效力。而且，这一效力应当及于全国范围而非某个地区，具有"一码在手、走遍全国"的有效性。三是法律效力依据。健康认证的法律效力立基于其科学性，只有建立起经得起医学科学经验的健康检测、登记、统计和认可制度，才能真正有助于防控疫情传播，确保全体公民健康。为此，应当强化健康认证的科学性，防止认证在标准上不符合科学，在流程上流于形式，在统计上存在漏洞，在检测上出现问题。例如，当发现无症状感染者后，社会大众对原有的健康码的认可度便大打折扣，那么，如何增强其真实性和

---

[20] 张力："应尽快消除疫情中的各种歧视"，《检察日报》2020年4月1日。
[21] "习近平主持中共中央政治局常委会会议 分析国内外新冠肺炎疫情防控和经济运行形势研究部署落实常态化疫情防控举措全面推进复工复产工作"，《人民日报·海外版》2020年4月9日。

准确性，就应当引起认证主体的高度重视，建立更为严格可靠的检测体系，强化健康认证的可信度和适用性。四是法律效力保障。法律责任的设定和落实是法律效力转化为法律实效的根本保障。为此，建立健康认证通行自由的法律监督机制和责任制度十分必要。责任主体既包括健康认证主体，也包括健康验证主体，责任形式以行政责任为主，辅之以其他形式。

二、基于内容的人权冲突及其整合

生命权、自由权、财产权、受教育权、社会权等内容是新冠疫情中备受关注的基本人权。对于这些权利如何排序，西方法学家认为，"如果有人问到，西方法律最为重视的个人权利是什么？大部分法学家都会回答：'生命'。确实，在最原始的法律制度中，人类的生命就得到了保护。"[22]之所以如此，是因为在利益位阶衡量中，"生命的利益是保护其他利益（尤其是所有的个人利益）的正当前提条件，因此它就应当被宣称为高于财产方面的利益。健康方面的利益似乎在位序上要比享乐或娱乐的利益高。"[23]从法律规范文本看，国际人权法和不少国家的宪法都把生命权置于自由权之前。[24]既然如此重视生命健康权，为什么在拥有先进医疗科技和强大经济实力的某些西方大国疫情防控却严重失序，新冠病毒感染和死亡人数直线飙升？

对此，有的归因于生活习惯，有的究责于他国，还有的溯源于文化，如此等等，只是看到了问题的一个方面。从人权法理进行探究，方可窥见就里，那就是在个人主义人权价值观支配下，对生命权无论怎么重视也无法消解自由权或自由主义对其根深蒂固的钳制。在以个人为本位的狭隘观点作用下，

---

[22]［美］彼得·斯坦、约翰·香德：《西方社会的法律价值》，北京：中国人民公安大学出版社1990年版，第199页。

[23]［美］博登海默：《法理学法律哲学与法律方法》，邓正来等译，北京：中国政法大学出版社1999年版，第400页。

[24]《世界人权宣言》第3条宣布："人人有权享有生命、自由和人身安全。"《公民权利和政治权利国际公约》第6条规定："人人有固有的生命权。这个权利应受法律保护。不得任意剥夺任何人的生命。"美国《独立宣言》宣告："我们认为下面这些真理是不言而喻的：造物者创造了平等的个人，并赋予他们若干不可剥夺的权利，其中包括生命权、自由权和追求幸福的权利。为了保障这些权利，人们才在他们之间建立政府，而政府之正当权力，则来自被统治者的同意。"美国宪法第五修正案规定"未经正当法律程序不得剥夺任何人的生命、自由和财产"。

疫情防控隔离举措难见成效，最终必然是以牺牲生命健康权为代价。实践表明，凡是封控隔离严密、全面集中救治、"始终把人民群众生命安全和身体健康放在第一位"[25]的国家和区域，其患病率和死亡率就低，疫情防控就能取得决定性胜利。反之，如果祭起所谓"人身自由""言论自由"和"经济自由"的大旗，拒绝封堵、拒绝隔离、拒绝口罩甚至拒绝治疗，则必然成为反科学反人权的祭品。当然，对生命健康权的保护并不必然意味着全然否认自由权，对自由权的限制甚至牺牲应当限定在合理的限度之内。那么，这一限度究竟如何设定？这直接涉及如何协调生命健康权与自由权的价值冲突这一人权法的基本理论问题，对这一问题的解答，成为决定疫情防控成败得失的关键。在此，可以将生命健康权与自由权之间的价值整合原则归结为：第一，优先原则。即生命权高于自由权。第二，选择原则。当且仅当生命权和自由权的矛盾不可调和时，须以自由权为代价换取生命权；第三，例外原则。当自由权的牺牲直接威胁到生命权时，自由权和生命权同等重要，不得牺牲自由权。

基于以上总体原则，本文重点以自由权中的经济自由权为例，与生命健康权进行比较分析以探求冲突整合之道。隔离和封城是抗击疫情的最有效方式，经济停摆成为保卫生命健康所付出的惨痛代价。但是，在疫情大暴发危险期，西方大国依然强调"宁愿付出健康代价，也要重启商业以拯救经济"。[26]生命健康权和经济权利的紧张关系骤然凸显在全社会面前。此时，应当坚持生命健康权至上理念，围绕这一重心进行价值整合。可采取以下基本方法：

第一，优先事项。在任何情况下，生命健康权始终具有优先性，而经济自由权利必须服从于生命健康权。因为经济本身不是目的，经济权利也不是终极目的，诸如就业、市场自由等等不过是为了保障人类保障生命健康权利得以实现的条件。实践反复证明，凡是应对高效、反应快速的抗疫模式，都往往以经济自由权利为代价；凡是以经济自由权为重心的模式，则必然走向

---

［25］"习近平主持召开中央全面依法治国委员会第三次会议强调：全面提高依法防控依法治理能力　为疫情防控提供有力法治保障"，《人民日报》2020年2月6日，第1版。

［26］"Column: COVID-19 as the 'Boomer Remover'? Let's talk about that", *Chicago Tribune*, March 24, 2020.

失败；而在生命健康权和经济自由权之间摇摆不定或试图平衡的，则其患病率和死亡率会居高不下，维持区间明显拉长。由此，可以得出一个基本结论：在紧急状态下，可以也应当适度牺牲经济自由权而保障生命健康权。

第二，代价限度。究竟付出多大的经济代价才是科学选择，如何把握牺牲的这个"限度"或"必要性"？西方经济学家运用统计学的方式进行了计算，范德比尔特大学经济学家基普·维斯库西（Kip Viscusi）发现，在整个人口中，每损失 1 亿美元的经济收入，就会导致一起额外的死亡。而美国环护署设定的生命标准是，每拯救一个生命的成本约为 950 万美元。美国农业部有一个计算标准，用来估计食源性疾病的经济成本——医疗保健、过早死亡、非致命病例造成的生产力损失。还有学者对新冠疫情进行经济成本分析得出结果：这相当于每挽救一条生命就损失 200 万美元的经济活动。[27]我们认为这一经济学的计算方法是不可取的，因为，"如果考虑到医疗系统可能会被 Covid-19 的病例压垮，从而增加死亡率，那么成本效益比将会改变，因此会有必要以更快的速度实施更剧烈的封锁措施。"[28]即使政府不采取强制暂停经济，为了防止传染，人们也会主动如此。更为重要的是，简单地对生命进行价值衡量是不合伦理的，实质是以数字掩盖人性，以计量方法遮蔽社会正义，尤其是将人的价值折算为一定数量的货币，"权衡人类生命的经济成本似乎不可避免地显得愚蠢。"[29]这不仅有悖伦理，其本身的科学性也是值得怀疑的。可见，限制经济自由权是无可避免的理性选择，就限制的限度而言，可以在时空维度上加以设定，即：在时空上仅限于疫情暴发期和中心区域，对仅凭特定区域自身资源无法遏制疫情而需要外部配合甚至主导时，必须牺牲此一区域的经济权。此时，经济权的让渡是生命权得以保证的充分必要条件。否则，超过特定时空，其便只具有必要性而无充分性。当然，现代社会的产业链环环相扣，中心区域的经济限制必然波及其他区域的经济发

---

[27] Eduardo Porter, Jim Tankersley, "Shutdown Spotlights Economic Cost of Saving Lives", *The New York Times*, Published March 24, 2020, Updated April 13, 2020, https://www.nytimes.com/2020/03/24/business/economy/coronavirus-economy.html?_ga=2.87494488.1184843226.1588287490-836555834.1588287490.

[28] 同上。

[29] 同上。

展，所以，切断与那些以物理接触为载体的经济关联，便成为必要选择。如果超越了特定时期和特定区域，这一必要性便大大降低，甚至没有必要，此时复工复产便成为当务之急。

第三，底线平等。为了保全生命健康权，让渡经济自由权利，既具有特别的正向效应，也无可避免地带来损失。这已是不争的事实。为了消弭此一负面影响，应当在经济自由之外引入经济平等的因素，最大限度地谋求经济平等权与生命健康权之间的一致性。因为，当经济自由权无法得到顾全时，遭受影响最深的首先是经济关系链条中处于最为脆弱一极的弱势群体。其成本是巨大的：一是生命健康成本。贫困、经济权利的不平等可能会加剧病毒的传播速度和死亡率，在对生命健康的危害方面产生"倍数效应"，使感染风险加大40%。[30]二是经济利益成本。英国生物科学期刊《皇家学会学报B辑》（*Proceedings of the Royal Society B*）的研究表明，整个社会阶层可能陷入一个"疾病导致的贫困陷阱"，在这个陷阱中，"健康对贫困的因果关系以及贫困对健康的因果关系暗示着一个正反馈系统"。[31]"随着新型冠状病毒在全球蔓延，它似乎正在与我们这个时代的另一个最严峻问题——经济不平等——形成一种毁灭性的反馈圈。"[32]失业、收入损失、失去医疗保障之类的恶果更多地落到"在如今两极分化的经济和劳动力市场中处于不利地位的人身上"，不仅如此，在全社会引发经济地位的普遍下降，进而导致慢性病发病率上升，进而导致生产率降低，医疗成本增大，带来更多的贫困，从而导致更多的疾病。[33]三是社会秩序成本。经济不平等与生命健康状况恶化之间"相互强化的循环可能会增加新冠病毒造成的死亡，同时让社会经济的鸿沟进一步扩大，人们认为这种鸿沟是右翼民粹主义、种族仇恨，

---

[30] 研究表明，在美国，收入在前25%的人当中有90%的人可休带薪病假，而收入在后25%的人中只有47%的人可休带薪病假。带薪休假政策可以减少40%的感染率，而美国的大多数州没有这种政策，结果可能会使感染人数增加40%（Max Fisher, Emma Bubola："新冠病毒与经济不平等：一种恶性循环"，《纽约时报》2020年3月17日。参见 https://cn.nytimes.com/world/20200317/coronavirus-inequality/，访问日期：2020年5月1日）。

[31] Matthew H. Bonds, Donald C. Keenan, Pejman Rohani, Jeffrey D. Sachs, "Poverty trap formed by the ecology of infectious diseases", *Proc. R. Soc. B*, 2010, 277, 1185-1192.

[32] Max Fisher, Emma Bubola："新冠病毒与经济不平等：一种恶性循环"，《纽约时报》2020年3月17日。

[33] 同上。

以及绝望导致酗酒、自杀或吸毒过量造成的死亡增长的主要驱动因素。"[34] 为此，应当守住贫困人口这一底线。那么，应当区分精英阶层的经济利益和贫困人口的工作权，如果不惜以牺牲大部分人的健康和生命为代价来"拯救经济"（saving the economy）[35]，实质上不可能消除经济的不平等，而且还意味着把某些精英阶层的利益置于优先地位。所以，这一部分的经济自由权必须予以严格限制。那么，对于处于贫困境地的工人，在疫情高发期是否依然享有工作权并因此可以拒绝封城呢？联合国独立专家虽然强调了特别保护必须依靠工作才能养家糊口的工人的基本生存权[36]，但是，在如此危险的情形下，如果依然满足其工作权需要，对他们而言无疑是雪上加霜。所以，本文认为，应当从经济权尤其是工作权视角转向社会权视角，把债务减免、带薪休假、政府补贴作为法律强制规范加以确立并保障实施，做到遏制经济自由和促进经济平等两手抓，强化基于重大突发公共卫生事件的特别社会保障制度，以社会保障而非盲目地复工复产来实现最大限度的经济正义。当然，应当指出，这一思路仅限于疫情高发和封城时期。

第四，修复正义。疫情稳定特别是解除疫情封锁之后，经济自由的恢复具有根本性意义。一方面，从宏观上看，新冠疫情严重影响到全球所有地区的经济发展，这使"大封锁"成为"大萧条"以来最严重的经济衰退，比全球金融危机的破坏更大。对此，国际货币基金组织在 2020 年 4 月发布的《世界经济展望》预测，2020 年全球增长率将下降到 –3%。其中，发达经济体为 –6.1%，拉美和加勒比为 –5.2%，南非为 –5.8%，东盟五国为 –0.6%。中国虽然为 1.2%，但较之于 2019 年的 6.1%，其下降幅度居于高位。[37] 这势必对经济权利以及由经济所制约的其他人权的实现带来新的挑战。所以，研究后疫情时代人权保障尤其是经济权利保障面临的挑战和出路事关长远。

---

[34] Max Fisher, Emma Bubola："新冠病毒与经济不平等：一种恶性循环"，《纽约时报》2020 年 3 月 17 日。

[35] Juan Pablo Bohoslavsky, *COVID-19: Urgent appeal for a human rights response to the economic recession*, Geneva, April 15, 2020, p. 6.

[36] Juan Pablo Bohoslavsky, *COVID-19: Urgent appeal for a human rights response to the economic recession*, Geneva, April 15, 2020, p. 7.

[37] IMF, *World Economic Outlook: The Great Lockdown*, April 2020.

本文认为，单靠个别的公民政治权利或经济社会权利等无法解决上述问题，故而需要引入一个"整体性"路径（holistic approach），可以考虑在发展权的视角下予以全方位谋划，以发展促人权，而非就事论事地谈及经济权利，从而改变国际人权两公约相互分立的思路。这涉及发展与人权关系的基本原理。联合国 2030 可持续发展议程融入发展的权利要素，设计了"经济、社会与环境"这三大发展支柱。其中，在社会发展目标中毫无疑问地将生命、健康、疾病防控尤其传染病防治、全民社会保障等等纳入发展权之中。2030 可持续发展议程在"目标 3. 让不同年龄段的所有人都过上健康的生活，促进他们的福祉"中指明："阻止传染病""实现全民医保，包括提供财务风险保护，每个人都可以获得优质基本保健服务，并获得安全、有效、优质和价廉的基本药品和疫苗""加强所有国家，特别是发展中国家警示、缓解和管理国家和全球健康风险的能力"。[38] 由此可见，生命健康权与经济发展权发生矛盾时，应当恪守国家职责和全球经济合作原则，反对单边主义、保护主义对全球抗疫成果的冲击。同时，生命健康权与经济权利的融合共生，应当成为常态。科学设定紧急状态的条件、划分紧急状态的阶段、区分紧急状态的层级，根据不同条件、不同阶段和不同层级的危险，分门别类地采取限制经济权的不同举措，具有重大意义。对此，医学家与经济学家以及政府之间的融合关系具有至关重要的前提性作用。应当以整体主义的发展权思路，统筹各方力量，实现科学决策、民主决策、依法决策和高效决策的有机统一。在国内人权法意义上看，克服传统私法自由调节的疲弱和公法强制干预的不足，转而由公权力同时作用于不同的社会经济主体从而在其间进行双向调节，既保持公权力对经济活动的高强度干预和刺激，以防止私主体对人权的漠视，又保持私主体高度的市场自主性和自由度，恢复市场弹性和韧性，做到经济强制干预、市场意思自治和社会政策平衡三者的统一，在国家、公民和社会的有序互动中全方位保障人权。展言之，应当做到：第一，实施国家层面的强制干预，在促进就业、反贫困、刺激经济发展中增进人权。当务之急是刺激恢复经济

---

[38] UN, *Transforming Our World: the 2030 Agenda for Sustainable Development*, A/RES/70/1, October 21, 2015.

活力，以工作权为起点[39]，确保平等和不歧视。[40]第二，实施社会层面的政策平衡，通过社会保障强力维护弱势群体的底线权利。第三，实行公民层面的意思自治，促进社会主体的人权能力培育和能力强化。

三、基于价值的人权冲突及其整合

在法律的视野里，自由、平等、人权、秩序、效率都是不可或缺的基本价值。在抗击疫情中，人权保障与秩序规范、公平正义、治理效率密不可分。所以在上述诸多价值形态之间弥合隙缝和凝聚合力成为抗疫成功的关键。疫情的突发必然打破既有社会秩序，从常态转入非常时期。隔离、检测、治疗、封堵作为防控疫情的最有效方式，要求最大限度地克制个人自由，而这势必对社会生活秩序、经济秩序以及现有医疗秩序和舆论传播秩序都带来冲击，极大地改变着原有生产生活方式、医疗卫生模式以及健康生活习惯。为此，本文重点研究自由与秩序的价值关系模式。

从法理上看，秩序意味着关系的稳定、规则的有效、行为的可期、结构的牢固。[41]既表现为对社会生活进行一定的限制、禁止、控制，又表现为社会关系的回应性互补性，还表现在一致性、不矛盾性和稳定性。[42]而自由的扩张则是对禁令、互动和稳定关系的打破。常态化的自由与秩序关系是均衡和谐的，而疫情状态下的自由和秩序关系模式应当予以重新定位，本文归结为"自由非必要原则"，所谓自由非必要原则，就是最大限度地限制自由，在绝对必要条件下方可行使个人人身自由权和其他自由权。否则，禁止行使或限制行使。也就是打破均衡态势，让渡个人自由价值，以疫情防控秩序价值为主体；消弭自由泛滥，以疫情保障秩序价值为重心。具体体现在四大关系：

一是生活秩序与自由。严守管控法律政策，实施最严格的强制隔离与强

---

[39] 陈方："别再让湖北人困在复工囧途"，《光明日报》2020年3月24日。

[40] 最高人民法院于2020年4月23日召开会议强调："要严禁歧视湖北籍劳动者，坚决依法纠正个别单位拒绝招录、无故辞退湖北籍劳动者等就业歧视行为，切实维护劳动者公平就业权利，让人民群众切身感受到社会主义司法的公正与温暖"（最高人民法院：《严禁歧视湖北籍劳动者 纠正无故辞退等行为》，《人民日报》2020年4月24日）。

[41] 参见张文显：《法理学》，北京：高等教育出版社、北京大学出版社1999年版，第227页。

[42] P. S. Cohen, *The Modern Social Theory*, London, 1968, pp. 18-19.

制防治举措，依法尽可能克减社会生活中的自由度。同时，强化治安管理，改变一般状态下的行政执法模式，依法严厉打击抗拒疫情防控的违法行为。要强化疫情防控法律服务，加强疫情期间矛盾纠纷化解，为困难群众提供有效法律援助。[43] 为此，应当抓住一个重心，即建构非常态超常规的应急型社会生活秩序关系。在法律上明确所调整的社会关系由常态转化为非常态的性状。彻底改变举棋不定、左摇右摆的"早期综合症"，在科学评判的基础上快速作出决定。纵观世界各国实践，真正要做到这一点是极为困难的。所以，应当明确两个层面的主体责任：民众接受强制管控和拒不履责的法律责任，政府迅捷决策和强制实施的法律责任。

二是市场秩序与自由。市场在资源配置中的决定性作用是全面深化改革在经济领域的一根主线，而在疫情暴发期，市场自由往往向心力不够、市场自组织性无法满足资源消耗剧增的需求，所以，一方面应当构建一套市场保障应急体系，虽然是在不确定的灾害或疫情暴发时期方才偶发性启用，但也应当常备化并上升为政府的法定义务，尤其是要明确对此种责任履行不能或履行不力的法定责任类型与责任方式。因为，经验表明，当面临突如其来的疫情危机时，在早期往往会出现资源供给严重不足这一突出问题。而疫情暴发的初期正是抗击疫情的最佳窗口期，失去这一机会，势必会在后期防控中付出极为沉痛的代价。另一方面，加大市场监管执法力度，"严厉查处各类哄抬防疫用品和民生商品价格的违法行为"，依法严厉打击制假售假、破坏疫情防控的违法犯罪行为。[44] 尽管现行法律明文规定了行政处罚和刑事处罚的具体标准与方式，但是，执法检查监督和司法的强度速度往往受制于疫情对执法司法系统本身的威胁，完善行政执法检查制度，构建非常时期行政执法反应机制和司法特别程序机制，具有重要意义。同时，就规范依据的完善而言，通过行政解释和司法解释，给予及时指导具有重要意义，而在立法层面建立一套全面的防控机制则更为稳定高效。

---

［43］习近平："全面提高依法防控依法治理能力　健全国家公共卫生应急管理体系"（2020 年 2 月 5 日在中央全面依法治国委员会第三次会议上的讲话），《求是》2020 年第 5 期。

［44］同上。

三是医疗秩序与自由。患者对医疗资源的自由选择权是健康权的重要内容，但在非常时期，这一选择权随着医疗资源的紧缺而受到限制。应当因地制宜、分类设定医疗秩序与自由选择的边界。对于疫情集中暴发区，自由选择权必须临时让渡给疫情救治权，以疫情防控秩序为重；对于一般区域，则应当兼及两者。有必要在《传染病防治法》《突发事件应对法》中进一步细化分类治理的标准和界限，防止应急状态下出现无序与无助。同时，依法打击破坏应急医疗秩序的违法犯罪行为。国家卫生健康委、最高人民法院、最高人民检察院、公安部 2020 年 2 月 7 日联合发布《关于做好新型冠状病毒肺炎疫情防控期间保障医务人员安全维护良好医疗秩序的通知》，明确了依法严厉打击疫情防控期间涉医违法犯罪行为具体适用法律的具体行为标准和责任类型，确定了七大类违反行为[45]和司法审判流程[46]与处罚及定罪量刑标准。基本原则是加大打击力度，"最大程度保障医务人员和其他患者安全，维护医疗秩序"[47]。本文认为，应当及时根据本次疫情防控中的司法实践，通过案例分析，总结现有模式，在修订法律时，不失时机地将有关法律解释中成熟可靠的条款吸收到相关行政法和刑事法律文本之中，提升法律效力位阶，强化司法效能。

四是保障秩序与自由。医疗物质、生活物质以及交通后勤诸方面的保障

---

[45] 这七种行为是："（一）殴打、故意伤害、故意杀害医务人员的；（二）以暴力、威胁等方法非法限制医务人员的人身自由，或者公然侮辱、恐吓、诽谤医务人员的；（三）对医务人员实施撕扯防护用具、吐口水等行为，可能导致医务人员感染新型冠状病毒的；（四）以暴力、威胁等方法拒不接受医疗卫生机构的检疫、隔离、治疗措施，或者阻碍医疗卫生机构依法处置传染病患者尸体的；（五）强拿硬要或者故意损毁、占用医疗卫生机构的财物，或者在医疗卫生机构哄闹事、违规停放尸体、私设灵堂，造成秩序混乱、影响疫情防控工作正常进行的；（六）非法携带枪支、弹药、管制器具或者爆炸性、放射性、毒害性、腐蚀性物品进入医疗卫生机构的；（七）其他侵犯医务人员安全、扰乱医疗秩序的情形"（国家卫生健康委、最高人民法院、最高人民检察院、公安部：《关于做好新型冠状病毒肺炎疫情防控期间保障医务人员安全　维护良好医疗秩序的通知》，2020 年 2 月 7 日）。

[46] 例如，对于破坏疫情防控医疗秩序、危害医护人员生命安全权利的违法犯罪行为，卫生行政部门协助医疗机构"及时报警"，公安机关"及时出警、快速处置""依法及时立案侦查"，检察机关"从快审查批准逮捕、提起公诉"，"人民法院应当加快审理进度"（国家卫生健康委、最高人民法院、最高人民检察院、公安部：《关于做好新型冠状病毒肺炎疫情防控期间保障医务人员安全维护良好医疗秩序的通知》，2020 年 2 月 7 日）。

[47] "对犯罪动机卑劣、情节恶劣、手段残忍、主观恶性深、人身危险性大，或者所犯罪行严重危害公共安全、社会影响恶劣的被告人，予以从严惩处，符合判处重刑至死刑条件的，坚决依法判处"（国家卫生健康委、最高人民法院、最高人民检察院、公安部：《关于做好新型冠状病毒肺炎疫情防控期间保障医务人员安全维护良好医疗秩序的通知》，2020 年 2 月 7 日）。

是防控疫情获得成功的基础性条件。既要统一调配，集中管控，又要保持一定的活力与自由，形成自由与秩序的良性互动。公共权力与社会组织的有序互动是赢得疫情防控人民战争胜利的法宝。如何依法规范志愿者行为，是疫情防控的一大问题。应当在法律规范尤其是突发事件应对法律文本中厘清志愿者、社会组织和政府以及医疗机构、患者四大方面的关系，突出保障志愿者行为，以提供自由便捷的服务为要旨，弘扬社会力量保障人权的法治价值精神。"要依法规范捐赠、受赠行为，确保受赠财物全部及时用于疫情防控。"[48]无论如何规范，应当始终坚持捐赠自愿自由的价值理念，防止社会组织的反向拉力制约捐赠效能。

五是新闻秩序与自由。这其中的重点和难点在于依法细化知情权与社会秩序的关系，"要依法做好疫情报告和发布工作，按照法定内容、程序、方式、时限及时准确报告疫情信息。"[49]依法规范和强化疫情防控信息发布制度，以疫情公开、决策公开来稳定社会、安定民心，防止社会恐慌。在内容上，新闻发布制度除了规定新闻发布的疫情状况外，还应当依法就抗击疫情的政府决策、资源需求、科学知识、公共参与方式这四类信息进行实时报告。就政府决策而言，十八届四中全会决定明确指出："健全依法决策机制。把公众参与、专家论证、风险评估、合法性审查、集体讨论决定确定为重大行政决策法定程序，确保决策制度科学、程序正当、过程公开、责任明确。"[50]可见，疫情中的感染病例数、患者重症率、死亡率等信息公开是提升防控社会认知的基础，而公开不只是结果公开，还应当包括疫情防控的决策公开、执行效果公开、社会监督方式公开，以便依法科学防控。为此，有必要构建一套系统的信息机制并使其法律化规范化，可称之为"全民共建共享信息机制"。应当在法律上明确信息供给的主体责任，不仅限于公立医疗机构，而是全面覆盖所有医疗组织和医疗工作人员，形成一个完整的全链条信息供给

---

[48] 习近平："全面提高依法防控依法治理能力　健全国家公共卫生应急管理体系"（2020 年 2 月 5 日在中央全面依法治国委员会第三次会议上的讲话），《求是》2020 年第 5 期。

[49] 同上。

[50] 中国共产党第十八届中央委员会第四次全体会议："中共中央关于全面推进依法治国若干重大问题的决议"，《人民日报》2014 年 10 月 29 日。

体系，克服患者人数、死亡人数无法准确统计之类的缺陷。

六是言论自由与公共秩序。在理性的自由价值序列中，言论自由对于抗击疫情意义重大，在疫情突发期，当现有的应急方案面临挑战时，疫情治理最需要的是公权力与私权利的良性互动，作为疫情直接受害者的私主体所蕴含的民意如涓涓细流，只有以快速自由高效的方式汇聚成公共意志，才能为公权力科学决策奠定真实普遍的民主基础。在此次抗击疫情过程中，无论是从起初的茫然到快速反应，实行严格的封城隔离，还是对基本生活必需品的线上订购配送，阻断病毒传染的最后一个环节，以至分类施治，应收尽收，无一不彰显了民意的力量。一方面成立了专家组，吸收大量科学家、学者和社会人士参与决策，彰显了言论自由和公共意志在科学民主决策中的基础性功能。另一方面，鼓励社会民众有序自由表达观点，行使宪法赋予的提出建议意见、批评监督等权利，最大限度地释放民意保证决策科学高效。当然，自由是把双刃剑，超越理性的边界，言论就变成了谎言；突破法律的底线，言论就蜕变为谣言。而谎言和谣言既是科学防控的大敌，更是民众恐慌和社会撕裂的祸首，严重危害着社会秩序并进而势必会加剧疫情。中国通过各级政府的官方辟谣、主流媒体（如人民日报）的辟谣、科学家的辟谣，及时传递疫情防控的科学知识、医学知识和法律知识，揭穿谣言的实质和危害，对于防止以所谓的自由表达侵害社会秩序的正常化运行发挥了重大作用。而美国表达自由带来社会价值观扭曲，不能不说是疫情爆炸的重要文化根源。例如对比尔·盖茨抗击疫情的谣言严重妨碍了疫情中的社会自觉。自新冠病毒肆虐美国以来，美国国内针对比尔·盖茨的阴谋论（Bill Gates conspiracy）甚嚣尘上。据《华盛顿邮报》报道，阴谋论者指责盖茨团队试图借新冠疫情谋取私利。据《奥斯汀美国政治家报》报道，2020 年 4 月 25 日，美国得克萨斯州民众举行集会，反对"居家令"，甚至喊出"逮捕比尔·盖茨"（arrest Bill Gates）的口号。[51] 在非常状态下，谣言对疫情防控秩序具有极大的杀

---

[51] Ariana Garcia, "Coronavirus in Austin: Protesters at Capitol demand Texas businesses to reopen", *Austin American-Statesman*, April 25, 2020. See https://www.statesman.com/news/20200425/coronavirus-in-austin-protesters-at-capitol-demand-texas-businesses-to-reopen.

伤力和危害性。为此，一方面，应当针对不同的谣言分类治理。疫情谣言主要可分为三大类：违反医学科学的谣言、阻碍社会治理的谣言、扰乱公共秩序的谣言。以科学医学知识阻隔伪科学甚至封建迷信的蔓延，以科学的隔离救治防控知识打破习惯思维甚至生活陋习，以法纪教育构建理性防控文化。另一方面，坚持依法治理和以德治理相结合，在疫情防控法治体系中，融入文明的道德标准，从而形成正确的人权文化和人权价值观。总之，谣言防控机制与疫情防控机制同等重要，坚持德法共治、治防并举，实现依法治理、源头治理、综合治理、科学治理，依法运用互联网、大数据和人工智能高效打击疫情谣言，合力维护良好防控秩序。

生命权论

张永和[*]

（《人权》杂志 2020 年第 3 期）

新冠肺炎无疑是人类第一次共同面对的世界性灾难。我们为什么称之为灾难，是因为它会夺取无数鲜活的生命。如果不能有效地防控，将会有许多生命随时受到威胁，人类社会的糟糕状态将难以想象。在这样大的疫情面前，拯救那些无助的生命是人类应该达成的首要共识。从理论上讲，这种共识很容易达成，因为我们是赋有"理性和良知"的人类。但在现实中，如何认识生命，特别是如何认识"他"的生命，从而如何拯救生命，需要回到人类如何看待自己作为人的生命的意义这一命题，这是人作为本真存在之追寻要义。

一、论理性对待生命

人类为什么如此珍惜生命？古往今来，人类社会各民族都有过深邃的思考。约成书于公元前五世纪的《尚书·泰誓上》有"惟人万物之灵"，《尚书》传说为上古文化《三坟五典》[1]遗留著作，也就是说，这一思想应该早于公元前五世纪，这或许是中华民族对生命存在的最早思考。为什么人是"万物

---

[*] 作者张永和系西南政法大学人权研究院执行院长，教授，博士生导师。

[1] 《三坟五典》最早是出现在《左传·昭公十二年》。楚灵王称赞左史倚相："是良史也，子善视之，是能读《三坟》《五典》《八索》《九丘》。"杜预有注："皆古书名。"《尚书序》称："伏羲、神农、黄帝之书，谓之《三坟》，言大道也。少昊、颛顼、高辛（喾）、唐（尧）、虞（舜）之书，谓之《五典》。"郑玄说，"三坟五典"就是"三皇五帝之书"。因此三坟即三皇之书，五典谓五帝之书。至于《八索》与《九丘》是指"八卦"与"九州之志"，一说是《河图》《洛书》。

之灵"？这个视角的形成是远古人对大千世界及自身在自然界的经历思考后，对自己在这个世界的定位，说明"人"这个物种优于其他物种。通过审视及比较，凸显了人作为"灵"在大千世界的地位。在西汉刘向《说苑·杂言》中，这一思想具体表达为"天生万物，唯人为贵"，对"万物之灵"给予了最好补充。公元前 5 世纪，古希腊哲学家普罗泰戈拉从另一个角度提出了对人的认识。他说，"人是万物的尺度"。这一视角似乎与中国的"万物之灵"不同，普罗泰格拉的"人"是世界的"尺度"，世界万物都是以人为中心，为认识世界的原点。世间任何物，都必须服从这一"尺度"，以人为准绳。没有人的存在，世界都是杂乱无章，所以"人"就成为了世界的意义。在这里可以看出，轴心时代[2]的哲学命题解决的是人的"本体"问题。文艺复兴时期，莎士比亚在《哈姆雷特》说出了"人是万物之灵长，宇宙之精华"，这一命题似乎与中国的"人"的理念一致。其实，那是一个反神性的时代，在"人本主义"（希腊文词源：antropos 和 logos，意为人和学说）的旗帜下，"万物之灵长"实际上也暗含人的"本体"意蕴。我们在这里暂不讨论这两个命题的优劣，两种语源都说明人在宇宙万物中的伦理意义。

　　进入现代社会，人类对"自我"已经有了新的认识，人权成为现代社会"全球道德思想的通用语"[3]，并形成了一套通过人权理论对包括生命权在内的权利进行阐释的话语。然而，不同历史、文化和发展阶段的民族国家在理解人权的内涵时会存在差异。[4]不过，任何观念背后都存在着完整的理论，有关生命的认知存在两个认知体系，一个是形而上体系，另一个是形而下体系。在形而上体系中，生命存在于逻辑推导的框架里，其终极原点是既有的存在，是不以人的意志为转移的存在，这种逻辑推导作为知识存在很有意义。但人的生活并不能简单停留在逻辑推导上，它必须被还原到一个个现实存在的人身上。比如对生命的理解，我们不能停留在一般的逻辑推导的知识

---

[2]　[德]卡尔·雅斯贝尔斯：《论历史的起源与目标》，李雪涛译，上海：华东师范大学出版社 2018 年版，第 7 页。

[3]　Michael Ignatieff, *Human Rights as Politics and Idolatry*, Princeton, NJ: Princeton University Press, 2001, p. 53.

[4]　参见袁正清、李志永、主父笑飞："中国与国际人权规范重塑"，《中国社会科学》2016 年第 7 期，第 189—203 页。

理解上，必须将对生命的理解还原到现实中来。也就是说，对生命的理解必须接地气。只有这样，我们才能真实地观察到生命的存在。于是，生命的实践性就成为了我们观察生命最重要的体系，也是第二个体系。在这里，生命成为人存在的表现形式，而人却是生命的载体。那么，我们是否可以说，前者提供的是作为逻辑知识的"准则"，后者提供的是作为实践的"规则"？这里的"规则"是人在具体活动中必须遵守的行为规范。那知识的"准则"和实践的"规则"是否是两条永不勾连的平行线？答案是否定的，它们必须存在勾连。因为，没有"准则"的"规则"可能对人类造成灾难，而没有"规则"的"准则"只是逻辑游戏而已。所以，"准则"和"规则"看起来虽为两条不相交的平行线，但实则可以通约。它们之间一定存在一个公约数，既主导"准则"，也主导"规则"，这个公约数即是"理性"。"理性"在"准则"那里，是宇宙事物的本质，它冲塞于天地之间，弥漫无形；而"理性"在"规则"那里则是传达本质的语言。"准则"只有通过实践才能成为"规则"，才可能转换成主观的，或者受"理性"主导的行为，而这个行为又必须符合"准则"。所以说，照应"规则"的"准则"和反照"准则"的"规则"是理性的结果。

如果我们将以上的推导，放置在抗击新冠肺炎这一场关乎人类如何在灾难面前面对死亡的难题中时，就存在人类如何对待生命的"准则"和"规则"的问题。在"准则"面前，每个人的生命都是有意义的，这是"准则"的本质规定，但在"规则"面前，生命却可以有万千意义和价值。要不要挽救每一个面对死亡的生命？每一个生命是不是都具有同等意义和价值？如何挽救每一个面对死亡的生命？以及谁来挽救每一个面对死亡的生命？这些拷问实际上是在拷问我们凭什么将自己称之为人，而人的意义究竟又是什么？这都需要我们在重大疫情面前作出果断决策，而这一决策需要得到"理性"的引领，使"准则"和"规则"达成一致。

如果我们确立对待生命的态度必须是基于"准则"和"规则"的统一，那是绝佳的理想状态，但现实一般并不如此。现实世界中，我们往往不能处理好两者之间的关系，这是因为我们在理解生命时更多仅仅是基于个体的视角，并不在"人"的高度。我们珍视每个个体的生命，这关乎人性底线，如果我们无法守住这一底线，我们将不配被称之为人。但如果人类集体面对生命的问题，那将是宇宙秩序中的人类伦理，我们更需要"理性"的指引。

二、论生命权优于其他的权利

对于生命的讨论，可以有许多切入点，而哲学总是这一问题切入的正点。但哲学似乎却隔靴搔痒似地告诉我们生命的真正意义，精神导师式的说教让我们在现实面前不得而知。人之所以为人，就在于站在"人"的高度对生命的理性认知，这里的"人"是人类，不是单个的个体。但这种认知的观察对象，又是一个个鲜活的个体。所以，理性的生命观是既符合"准则"、又符合"规则"的一种对待生命的态度。当我们将极具抽象意义的概念转换到现实生活中来时，这个概念才会显得生动，才更容易为我们所把握。比如，我们在谈论生命时，一般都是从个体生命为切入点展开讨论，所以极具个殊特征，生命就显得异常的鲜活。但是，正因为如此，也就有了我们对生命不同的理解。比如"生命实际上是没有意义的""不自由，毋宁死""好死不如赖活着"，这些都是不同个体的生命感悟。这些只是个体的体验，不能通过"理性"与"准则"通约，因为这些个体的经验不是作为全部"人"的体验，不具有普遍的必然性，不能形成一种共识的行为"准则"。

新冠肺炎疫情防控期间，为什么居家隔离？为什么封城？还有没有更好的办法，我们在这场战"疫"中应该首先做什么？在我们还不认识病毒，对病毒预防还没有科学认识时，我们能够做什么？我们究竟还有什么权利需要在首先保护生命权时同样得到保护？翻阅 2007 年颁布的《突发事件应对法》、2013 年颁布的《传染病防治法》等相关法律主要内容，我们发现这些法律的主旨均围绕保护人的生命健康而展开。如何采取合理管控措施阻断传染源，保护广大人民生命健康的责任，成为政府的首要职责。比如，在疫情期间，根据《突发公共卫生事件条例》（下简称《条例》）第四条规定："突发事件发生后，省、自治区、直辖市人民政府成立地方突发事件应急处理指挥部，省、自治区、直辖市人民政府主要领导人担任总指挥，负责领导、指挥本行政区域内突发事件应急处理工作。"据此，武汉市成立了"武汉市新型冠状病毒感染疫情防控指挥部"，并于 2020 年 1 月 23 日发布通告："全市公交、地铁、轮渡、长途客车暂停运营，没有特殊原因市民不能离开武汉，同时机场、火车站离汉通道暂时关闭。"这就是传说中的"封城"。这是一场与死神赛跑的比赛，其目的毫无疑问。这一举措产生了一系列公民权利的克减。《条例》第四十条规定："传染病暴发、流行时，街道、乡镇以及居民委员会、村民委员会应当组织力量，团结协作，群防群治，协助卫生行政主管部门和其他有关部门、医疗卫生机构做好疫情信息的收集和报告、人员的分散隔离、公共卫生措施的落实工作，向居民、村民宣传传染病防治的相关知识。"第四十一条规定："对传染病暴发、流行区域内流动人口，突发事件发生地的县级以上地方人民政府应当做好预防工作，落实有关卫生控制措施；对传染病病人和疑似传染病病人，应当采取就地隔离、就地观察、就地治疗的措施。对需要治疗和转诊的，应当依照本条例第三十九条第一款的规定执行。"显然，第四十条的"协助卫生行政主管部门和其他有关部门、医疗卫生机构做好疫情信息的收集和报告、人员的分散隔离"以及"对传染病病人和疑似传染病病人，应当采取就地隔离、就地观察、就地治疗的措施。"其目的就是尽可能地阻断传染，防止病毒无限蔓延进而导致更多人感染，阻断侵袭生命的病毒传染链。但这一措施的实施显然会产生因隔离而带来的"人身自由"和"生命权"的必然冲突。我国宪法第三十七条规定："中华人民共和国公民的人身自由不受侵犯。"那隔离行为是不是侵犯了受宪法保护的公民"人身自由"权？

人权关怀着"人""希望或已经处于的有利状态"，包括精神世界和物质世界的方方面面。但"人权"不是有关"人"的全部，"人权"只是对"人"的一方面权利的具体表达，是"人"的一部分，另一部分应该是"义务"。但义务往往并不被我们关注，特别是谈论人权时，如果我们仅仅强调"人权"而不强调"义务"，那人权理论是有失偏颇的。如果我们把人权理论看成一个系统，可以说"人"是处于最高的位阶的概念，而"人权"就只能处于二阶的概念，在这里，"人权"还是一个抽象的概念。然而，"人权作为一个普遍性和公共性的概念，它在理论上应当是开放的，呈现出多样性。"[5]要掌握"人权"概念，还需要进一步地表述为各项具体权利，只有这样权利才能为我们所完整把握。所以也就有了"生命权""生存权""发展权""民主""自由""人格权""尊严""环境权"等三阶概念。由此，可绘制人权概念位阶结构图，如下所示：

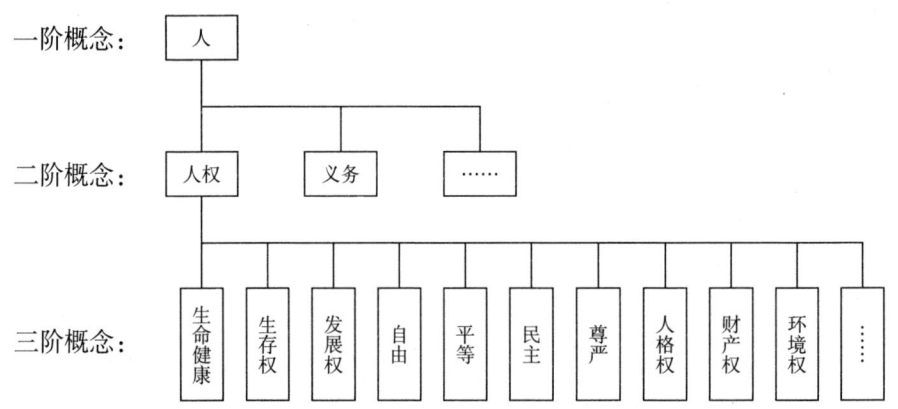

由图可知，作为三阶概念，人权是由一簇权利构成"权利簇"，而且，第三阶概念是开放的，它会随着人对自己的认识以及对外部世界认识不断深入而不断扩大。在一般意义上讲价值是同等的，但这只是在纯粹意义上的排序，是"准则"的预设结果。但在现实的特定环境中，应该存在第三阶概念的价值排序，比如生命权优于其他权利。

近代以来，世界范围内的人权话题更多聚焦在自由、正义、平等等区域性、群体性问题中，从来没有出现过全世界共同面对公共卫生突发事件，没有出现过共同面对死亡的威胁。在经济、政治、文化、制度如此多样的世界，如何找到我们对生命的共识，如何在如此众多的权利面前放置生命权的位置，要看究竟哪一种"规则"能够挽救更多无助的生命。裴多菲的名言"不自由，毋宁死"，显然是作为反抗压迫、暴政而产生的理念，指的是如果"不自由"，

---

[5] 赵汀阳："预付人权：一种非西方的普遍人权理论"，《中国社会科学》2006 年第 4 期，第 17—30 页。

就是一种始终保持的"生不如死"的状态，并非常态，是极端条件下的产物，它并不为每一个体实践。

虽然形而上的权利理论建构应该是有对其价值排序的内在逻辑，但他们并没有设计出现实的价值冲突，现实就是权利之间的冲突现象必然存在。当权利发生冲突，是否存在权利价值排序？如果发生权利价值排序，哪个在先，哪个在后？新冠肺炎疫情期间，各项权利如果出现冲突，那我们是否应该对一些权利克减？个体虽然平等地享有基本权利，但其权利却会因国家利益、公共利益和他人权利的保护需要而受到限制，在特定情形出现时甚至受到缩减，这一点放在任何宪法文化之下都能获得理解。

我们需要克减哪些权利？克减到什么程度？这应该看所受保护权利的需求程度。如果没有对生命的威胁，比如说此次新冠肺炎只是一般流感，撑几天、多喝水，最多两个星期就完全恢复了，那全世界根本不需要如此惊恐、封城闭国，因为一般流感不至于夺去人们的生命。一般流感中的权利冲突，相互协调应该比较容易完成。所以，在流感肆虐期间，由于一般不会出现对生命的威胁，其他权利应该毫无疑问地会得到高度重视。为什么我们如此重视新冠肺炎的传播？这是因为它会给人以死亡的威胁。

"权利"是一个在法学文献中出现频率最高的词语，同样，也是一个被滥用程度最高的词语。如果我们将此次新冠肺炎的蔓延看作一个特定场景，就可以发现有几个需要关注的权利冲突现象，比如"生命权"、"自由"（"自由"又包括"人身自由""迁徙自由""言论自由"等）、"尊严"等。但在这里，"自由"必须得到克减，因为"人身自由"必须由人来实现，如果人没有了，自由也就没有了。这也是为什么生命权必须作为优先权利，置于各项权利之首。

"不自由，毋宁死"的警句，"生命诚可贵、爱情价更高，若为自由故，二者皆可抛"的诗作，能不能说是西方主流的有关对自由最高追求的理念？该理念能不能推翻我们在疫情这一特定场合中，面对众多权利首先将生命权置顶的理论？一个能够成为理念的说辞，要看其是否仅仅作为说辞存在或在某种特定场合的口号，还是能够在现实中是否普遍有效。在疫情蔓延时，如果每个人都坚称"不自由，毋宁死"，我们会不会觉得荒唐？

中国人信奉"人命关天"，这是具有信仰意义的理念，说的是中国人对生命的敬畏，认为生命是高于人的其他一切存在的存在，具有至高无上的价值和普遍意义的理念。人是什么？我们这里说的"人"是简单个体的人，但却又是由简单个体的人集合起来的一个整体概念。在这个整体概念中，对于生命的追求本身就是人的意义所在，是对人与生命认知的最高境界。努力使自己尽量长寿，是人类千万年以来的始终追求。科技技术的发展，人文的进步，无不是将人的生命更长延续作为首选，让生命更有尊严，更有意义。这才是人类主流的生命观，也是在这一点上，生命权才具有首先保护的意义。我们再一次从权利理论来看，为什么一定要首先保护生命？因为从权利的发生学来看，一些权利是与生俱来，比如生命权；一些权利来自于社会，也就是说是后天的，比如"自由""尊严""财产权"等，我们可称之为社会性权利。在众多权利中，只有生命权直通人性，如果说要对其他权利为什么与人性相通这个问题需要通过解释来完成，那么生命权则不需要。如此看来，生命权是一切权利的前提和基础，因为有了生命的存在，其他权利才成为鲜活的存在。所以在具体的场景中，权利一定存在价值排序的情况。然而，当生命权与其他社会性权利存在价值排序时，生命权的价值应该是排序第一。

据国家卫健委报告：截至 2020 年 5 月 2 日，我国共计感染 84388 人，死亡 4643 人。武汉作为重灾区，累计确诊 68128 人，死亡 4512 人，我们为这些失去的生命感到惋惜。作为一个有 14 亿人口的国家，一座人口将近 2000 万的城市，在对人类有超强杀伤力的病毒面前，我们用 100 天的时间，基本控制了病毒的蔓延。相较于其他国家和地区，不能不说我国对于生命的保护是成功的，全国人民"失去自由"的日子是值得的。我们不但对成千上万的生命予以了切实的保护，也使我们对"自由"的追求显得更加真实。

三、论生命面前人人平等

前面我们谈到，疫情面前第一要义是对生命的拯救，这一点共识无疑容易形成，但是，如果在医疗资源稀缺或其他可能存在两个生命或多个同时面对死亡，我们能不能在其中进行排序选择？从形而上的"准则"来看，选项应该是平等，但在"规则"制定上，可不可能出现"排序"的情况，这就取决于"规则"如何在"理性"的指导下与"准则"沟通。如果"准则"与"规则"无法沟通，排序的情况必然出现。而一旦出现面对生命进行排序，人性的底线就被踏破了。

其实，无论东方西方，古往今来，人类从来不缺平等的话题。"人人生来而且始终是自由平等的"，这里的平等应该首先指的是每个人的生命是平等的。就概念而言，平等是指一个人在政治、经济地位，及基于此在程度、价值、质量、性质、能力与他人相等的状态。当我们对其进行一般描述时，它只是作为"准则"存在。因为作为"准则"的平等是人们在并不直接指向任何具体状态时，对人与人之间关系应有的或实际存在的评价。作为"规则"的平等是指人们对于真正存在于现实中的相互平等关系状态的评价。历史上，比如欧洲启蒙运动时期，当抽象的平等概念作为革命的口号、旗帜时，思想家们以其独特的魅力，一再告诉我们所有的平等观念产生于原初"人人生而平等"的状态。但思想家们告诉我们的故事却是无法证明这种状态是否存在过。毕竟，这一命题是一种玄设，是浪漫主义的。

而事实却是，平等观念是形成于后天的，因为观念是社会和共同体的产物。亦如卢梭自己说的，"由于约定并且根据权利"[6]而来的"人人平等"。不过，这里的"约定"一定不是他想象的"契约"，而是人们在社会过程中不断集成的行为规范和心理期待，最后划定人与人之间的界限，形成"权利"，并达成"人人平等"。其实，平等概念无论在中国还是西方都有其悠久的历史，但今天被我们理论化的平等作为事实，却并不随其产生而产生。在西方的精神家园古希腊，已经有了大量的平等思想，但却没有出现过今天我们所理解的平等的事实。

皮埃尔·勒鲁说，平等是"一种原则、一种信条、一种信仰、一种宗教"。[7]我们注意到，在他那里，平等实际上只是抽象地存在。从这个意义上讲，平等就是一个形而上的问题。作为抽象的、形而上的平等是有意义的，其特殊

---

[6] [法]卢梭：《社会契约论》，何兆武译，北京：商务印书馆1982年版，第33页。
[7] [法]皮埃尔·勒鲁：《论平等》，王允道译，北京：商务印书馆1988年版，第20页。

的使命就是建构一个平等的基本价值，形成一个最宽泛的目的性"准则"。因为平等不会作为手段存在，只可能是目的。但如果将平等理解为目的，必然有其自己的表现形式。什么是平等的表现形式，在哪些方面可以体现平等，这或许是我们把握平等的切入点。平等是一个多维度概念，它可以从不同的方面折射平等，而任何不同方面又不能完全涵盖平等全部。

　　存在于"准则"中的平等与存在于"规则"中的平等，在许多情况下是不能等同的，但却相互勾连。我们可以肯定地说，平等并不完全是一个形而上的问题，它具有现实性。因为只有在现实中，平等才可以被感知、被认识、被理解。人们不可能拿着平等的"原则""信条""信仰""宗教"在现实中去比对什么是平等，什么是不平等。但由于平等的观念产生于具体的不平等的体验，所以，任何一个具体的不平等现象，都会直接影响到我们对平等的总体判断。平等的"准则"会对平等"规则"产生影响。如果不存在平等的"准则"，平等就没有价值追求，这样的平等观仅仅是功利的。理论和实践已经告诉我们，将功利的平等作为人的终极追求，非但不能达至平等，其结果只会适得其反。这一问题无论是在亚里士多德还是罗尔斯、德沃金、乔万尼·萨托利甚至阿玛蒂亚·森那里都已经有充分的论证。

　　我们还应该注意到，平等首先是一个道德概念。如何维系社会共同体善良生活，道德的平等起到至关重要的作用。但是，道德中的平等并不像法律中那么显而易见，而正像德沃金所言，"道德的发展是不能通过颁布命令来实施的"[8]。因为，除去可能存在的社会道德标准之外，每个人的心中同样存在一个道德标准，个人与个人之间的道德标准存在着鸿沟般的差距。在个人道德标准上，社会无法完成整齐划一的要求。是平等这张"普罗透斯的脸"，使得道德更具个属性，当每个人在评判社会现象时，其个性彰显就更加明显。以道德原则为秩序的社会将"人"看作首义，这里的"人"在道德上不存在差异。但是，一个人的某些行为在社会中可能会得到不道德的评价，与我们之前所说的作为社会平等的道德是有差别的。比如我们常说的"道德败坏"，是一

---

[8] [美]德沃金：《认真对待权利》，信春鹰、吴玉章译，上海：上海三联书店 2008 年版，第 23 页。

个人或一部分人对另一个人或另一部分人的行为评价。不承认这种道德评价的社会并不存在，而这种评价实际上贯穿着一个人的平等观念。平等只有通过权利展现出来，而权利是一个立体的概念。之前，我们只是将平等划分为"准则"的平等和"规则"的平等。也就是说，无论任何人，当我们说对他们的权利保护时，似乎没有边界，没有特指，其范围实际上是含糊的。当我们说人与人之间的权利是平等时，究竟是指哪种权利？"生命权""财产权""自由""政治权利""人格权"？艾德勒在他的《六大观念》中认为："世间人人平等，是指他们作为人在尊严上的平等。……人生而平等的说法是真实的只限于能够实际证实人与人平等这个方面。也就是说，他们都是人，都具有人种的特性，尤其是他们都具有属于人种一切成员的特殊性质。"[9] 所以，作为可以量化的法律权利与不能量化的道德权利相比，法律上的平等可能比较容易把握，至于如何把握道德上的平等的确很难。[10]

从此次疫情中反映出来的情况看，在医疗资源稀缺的情况下，西方有些人提出"让 65 岁以上的人把希望留给年轻人"，是放弃弱者生命的恶行，而仅仅为了政治"解除隔离"或"不需隔离"等方案，是政党之私和个人之私。首先，每个人的生命是平等的，人人生命的平等对待是人作为人看待他人最基本的底线。其结果只能是老年人和病人首先被人为淘汰，这与文明社会的精神背道而驰，也是对人道主义提倡的关怀人、尊重人，主张人格平等、博爱、互相尊重等理念的直接蔑视，背离了《世界人权宣言》中"人人生而平等"理念，丧失了作为人的基本人性；其次，如果以弱者和强者展开分类排序成为了一些人的主张，其现实危害实在不可估量。如果我们可以通过弱者和强者进行分类排序，那会不会出现富人与穷人的分类排序？进而会不会出现种族的分类排序？以此类推，分类排序的方式数不胜数，胜出的只能是不同类别中所谓的强者。

第二次世界大战中，德国纳粹展开了对犹太民族的灭绝，是因为纳粹通过排序，将犹太人列为"可恶""唯利是图""心智败坏"的民族，是会祸

---

[9]［美］穆蒂莫・艾德勒著：《六大观念》，郝庆华译，北京：生活・读书・新知三联书店 1991 年版，第 9 页。
[10] 张永和："中国大众平等观念评析"，《中国法学》2015 年第 5 期。

害人类的，所以应以除之。纳粹认为金发碧眼的雅利安人是高等民族，要驱逐犹太人以保持血统的纯正。雅利安人最终会征服世界，为了给本民族争取更多的空间，要消灭其他劣等民族和劣等人。也就是说，纳粹对犹太人的屠杀仅仅是屠杀的开端，为保证雅利安人作为高等民族最后独存世界，其他民族最终都将被屠杀。这场灾难最终导致了几百万的犹太人被屠杀。从16世纪一直到19世纪末发生在北美洲对印第安人的屠杀，也是通过排序将印第安人列入未开化的低端人种。美国第七任总统安德鲁·杰克逊将军曾在第二次英美战争时宣布："有必要灭绝全体印第安人部落。"南北战争中，谢尔曼将军说："我见过唯一的印第安好人，就是死人。"据统计，美国西进屠杀的印第安人大约2500万人。这些屠杀都是人为分类排序的结果，如果一旦排序现象成为习惯，就将会无休止通过类别加以排序，那时，人类的悲剧就开始了，无休止的相互屠杀就开始了。

无论理论还是实践，每个人的生命都是平等的。《世界人权宣言》中"人人生而平等"的信念不能仅仅挂在嘴边，不能仅仅视为信念存在，更应当在实践中还原。在生命面前，没有弱者和强者。我们常说，一个文明的社会是指弱者能够得到最好保护的社会，只有弱者能够得到同样的保护，我们才能指望任何人的权益也能得到保护。这一已然的"准则"在"规则"中并不难实现，只是看我们究竟是心存"人"还是仅仅某一类人。对待弱者的正确态度，才是内心真正的平等理念。

结语

德国社会学界思想家乌尔里希·贝克（Ulrich Beck）在1986年出版了《风险社会：新的现代性之路》，他在书中首次以"风险社会"的概念来描述当今西方高度发达的现代社会，并从社会学层面反思、批判现代性出现以来风险因素日益突出的社会现象。今天，随着世界的扁平化，风险社会并不独存于"高度发达的现代社会"，贝克似乎在告诉我们：风险无处不在，无时不在。"风险社会"是人类社会的产物，更是现代社会的产物。公共卫生突发事件就是"风险社会"的最好注脚。公共卫生突发事件很多情况是人类与自然不能和谐相处的恶果。此类事件的发生一定不是偶尔的情况，或许在未来将更加频繁，而且每个国家都可能会发生，在全球化发展的大趋势下任何国家都不能独善其身。此时，国家的作用将无时无处不体现，考验一个国家真正的人权保护、人道精神、平等原则以及正义理念将成为常态。灾害发生时，每个有良知的人绝不会在此时踏破道德底线，无视人的基本人权。着眼于人类命运共同体，或许才是寻求人本真地栖居之义。

在大灾大难面前，谁能够发挥最大的作用？那一定是国家。国民的生命健康是第一位的，国家必须以保障国民生命健康为第一要义。每个国家所要做的事情就是面对风险，挺身而出，承担责任。国家的意义在此，也是国家的至上美德。一个不能保障国民生命健康权的国家已经失去了国家应有的意义，如同国家作为契约产物的理论所阐述的那样。人们对一个国家是否具有正义，应该是立足于这个国家是否能将社会关系调整得令所有社会成员都满意，但事实上，能够满足每个社会成员需要的国家是不可能存在的，但我们可以做到令大多数社会成员认可和满意，这也是民主的应有之意。

论疫情防控中的邻避行为及其法律治理[*]

何士青[*]

（《人权》杂志　2020 年第 2 期）

当今时代是一个危机四伏、风险频发的不确定时代，如何应对突发公共事件是生活在这个时代的人们必须直面的重要课题。新冠肺炎疫情是我国在迈向中华民族伟大复兴的征途上遭遇的突发公共卫生事件，是对我国治理体系和治理能力的一次重大考验。各民族、各地区和衷共济、联防联控，凝聚起抗击疫情的磅礴力量，彰显了中华民族共同体成员团结协作、守望相助的优秀品格和国家制度保障公民权利、维护社会公正的显著优势。而疫情防控中的邻避行为则表明，传统文化中的"以邻为壑"思维痼疾至今犹存，这些行为具有违法的性质，不仅造成侵害公民权利的不良后果，而且消解抗击疫情的力量，影响抗击疫情的大局。党的十九届四中全会通过的决定指出："加强人权法治保障，保证人民依法享有广泛的权利和自由、承担应尽的义务。"[1]顺应新时代全面依法治国的要求，"坚持运用法治思维和法治方式开展疫情防控工作"[2]，必须对疫情防控中的邻避行为进行法律治理，为疫情防控中

---

　　*　本文系 2020 年度铸牢中华民族共同体意识研究专项项目"铸牢中华民族共同体意识法理基础研究"（项目号：2020WKZX003）、国家社科基金重大项目"社会主义核心价值观与教育法律制度的完善研究"（项目号：19VHJ010）的阶段性成果。

　　*　作者何士青系华中科技大学人权法律研究院教授。

[1]《中共中央关于坚持和完善中国特色社会主义制度推进国家治理体系和治理能力现代化若干重大问题的决定》，《人民日报》2019 年 11 月 6 日。

[2]习近平：《全面提高依法防控依法治理能力　健全国家公共卫生应急管理体系》，http://www.xinhuanet.com/mrdx/2020-03/01/c_138831514.htm，2020 年 3 月 8 日。

的公民权利保障筑牢制度防线。

一、邻避行为及其在疫情防控中的表现

邻避（Not In My Backyard，NIMBY）行为是指人们基于对某个事件、某种情况可能影响本人、家人乃至本地方人的健康、生命和财产安全的风险忧虑甚至恐惧而产生"不要出现在我家后院"的心理诉求，进而采取的情绪化抵抗行为。这种基于人的自利性以及对风险事件的认知而产生的"只图自己一方的利益，把困难或祸害转嫁给别人"的现象并非今日始，它是古代人"以邻为壑"的思维方式在当今时代的延续。早有古代先贤对这种思维方式加以否定，如《孟子·告子下》中有"子过矣。禹之治水，水之道也，是故禹以四海为壑。今吾子以邻国为壑"的记载。然而，这种思维方式并没有随着社会发展而成为历史陈迹，在现代社会对人们的行为依然有着一定影响。现代社会的邻避行为主要发生在环境领域，"经济可持续发展、生态环境保护与公民社会背后交织着经济利益、项目风险与环境责任，'中国式邻避冲突困境'日益受到关注"[3]。新冠肺炎疫情防控中的一些现象表明，邻避行为不仅可能出现在环境领域里，而且可能发生在突发公共事件中。对疫情防控中的邻避行为进行梳理，有助于对这种现象进行防范和治理。

（一）住宅小区拒斥医护人员

为防止疫情输入本住宅小区，一些住宅小区采取了"锁死家门"的做法，使得在疫情防控中"逆行"前进、奋战在抗疫前沿阵地的医护人员被拒斥在住宅小区外，有家不能回。当地疫情防控部门及时对这些错误行为进行了纠正。[4]将疫情防控一线的医护工作者挡在家门之外，这种邻避做法折射出一些人面对疫情的非理性以及对法律的懵懂。一方面，医务人员在离开医院时

---

[3] 参见毛春梅、蔡阿婷："邻避运动中的风险感知、利益结构分布与嵌入式治理"，《治理研究》2020年第2期。
[4] 参见曹雪盟："疫情当前，怎可让医护人员有家难回？"，https://www.sohu.com/a/372289166_617281；孟向东、刁良梓：《南阳：再不能让医务人员有家难回》，https://www.dahebao.cn/news/1492432?cid=1492432，2020年3月8日访问。

经过了充分的消毒防护，小区业主对回家休息的医护人员没必要如临大敌；另一方面，医务人员与其他人一样具有居家生活和休息的权利，这一权利受到法律保护，任何人都不得非法剥夺。

（二）设卡断路阻止人员流动

在一些地方的农村，为防止疫情输入，有的拉起规劝在外同村人不要返村的横幅，也有在道路上堆石块、砌砖墙甚至挖断道路等硬性阻断交通的做法。[5] 2020 年 1 月 28 日，公安部召开应对新型冠状病毒感染肺炎疫情工作领导小组第一次会议暨全国公安机关视频会议，部长赵克志强调："对未经批准擅自设卡拦截、断路阻断交通等违法行为，要立即报告党委、政府，依法稳妥处置，维护正常交通秩序。"[6] 2020 年 1 月 29 日，"湖北省新冠肺炎疫情防控指挥部交通保障组发出紧急通知强调，禁止采取挖断公路、设置硬性永久隔离等方式中断公路交通，不得造成应急防疫等物资及相关人员运输通道受阻。"[7] 在 2020 年 1 月 30 日国家卫健委召开的新闻发布会上，交通运输部新闻发言人吴春耕要求各地交通运输部门"制定交通运输保障的方案"，"确保生产生活物资运输正常通行"[8]。

（三）差异对待疫情高风险地区人群

在恐慌、焦虑的情绪下，"原本需要防范的是病毒，但病毒是看不见的"，于是与病毒有关的群体的危害性被夸大，"以至于将这些群体等同于病毒自身"，进而将防范对象从病毒转变为"可能携带病毒的人"。[9] 在一些地方，

---

[5] 参见吴泊颖："老百姓防疫情过急堵路 民警耐心宣传保畅通"，http://www.rmfz.org.cn/contents/810/266889.html，2020 年 3 月 8 日访问；星视频："阻断新型冠状病毒疫情封路 挖机司机返回时坠崖身亡"，http://www.myzaker.com/article/5e32ae32b15ec034c0582c8e，2020 年 3 月 8 日访问。

[6] 赵克志："提高政治站位 强化工作措施 坚决打赢疫情防控阻击战坚决维护社会大局稳定"，https://www.mps.gov.cn/n2255053/n5147059/c6886341/content.html，2020 年 3 月 8 日访问。

[7] 潘锡珩、潘庆芳："挖断公路隔离？湖北紧急叫停！不得造成应急人员和物资运输受阻"，《楚天都市报》，2020 年 1 月 29 日。

[8] 张蕊、易启江："一些地方封路和挖断公路进行疫情隔离，如何畅通生命通道？交通运输部：一断三不断"，http://www.nbd.com.cn/rss/toutiao/articles/1403791.html，2020 年 3 月 8 日访问。

[9] 王悦："疫情下的污名与歧视"，http://finance.sina.com.cn/wm/2020-03-10/doc-iimxxstf7996036.shtml，2020 年 3 月 8 日访问。

出现了排斥来自某些地域的人入住酒店，甚至限制或禁止悬挂那些地方号牌的车辆通行的现象。有媒体呼吁要警惕这种贴标签的行为，在遏制疫情蔓延的同时，防止隐私泄露、污名病人等"次生灾害"。[10]

二、疫情防控中邻避行为的法理维度分析

对于邻避行为，可以从"心理—行为"或"认识—实践"的维度探讨其生产的内在逻辑，也可以从"国家—社会"或"集体—个体"的维度研究其形成的现实土壤。顺应全面依法治国的时代要求，立足于强化公共卫生法治保障的时代课题，有必要对疫情防控中的邻避行为进行法理维度的分析。新冠肺炎病毒具有传播力较强、潜伏期亦具传染性、危及人的健康乃至生命等特点，因而对病人或疑似病人以及与之有过接触的人进行隔离是必要的。但是，隔离必须采取合法的方式，惟其如此，才能实现疫情防控与公民权利保障的统一。然而，疫情防控中的邻避行为不仅与中华民族守望相助的共同体意识相背离，妨碍各地区联防联控、众志成城抗击疫情的大局，而且具有违法的性质，导致侵权的不良社会后果。

（一）疫情防控中邻避行为的人性根基

人的行为是人性的外化，因而对邻避行为进行法理维度的分析就不能脱离人性根基。人性是人之所以为人的基本规定性，从人的存在方式看它由个体性和社会性两个方面构成，这两个方面在对人的行为进行指引时并非总是协调一致，相互冲突的情形时常发生。一方面，人性的社会性成分将人的行为导向互助合作，"一方有难，八方支援"是人的社会性的现实体现。新冠肺炎疫情防控中全国各地对武汉和湖北其他地区的驰援，是以人的社会性为基础的人与人之间守望相助的具体实践，也是以人的社会性为基础的中华民族共同体各成员之间和衷共济的生动体现。另一方面，人性的个体性成分则使人具有自利性，这种自利性使人"只顾自己的欲望与要求，不惜牺牲别人

---

[10] 参见南都社论："警惕污名和歧视'武汉人''湖北人'"，《南方都市报》2020年1月27日。

来满足这些欲望和要求，并克服一切对这些欲望与要求的阻力"[11]。一旦遇到危及生命和财产安全等方面的风险，避开这些风险、保障生命和财产安全是人的第一反应。将人的自利性延伸到不同利益关系的认识和处理中，本位主义就随之产生。毛泽东说过："'以邻为壑'，全不为别部、别地、别人想一想，这样的人就叫做本位主义者。"[12]中国历史上长期存在的小农经济奠定了乡土社会的经济根基，人们以自己为中心与他人建立社会关系，形成"每个人都以自己为中心结成网络"的"差序格局"，不论是在亲属关系还是在地缘关系中，都是以自己为圆心，"一圈圈推出去，愈推愈远，也愈推愈薄"[13]。这样的社会结构叠加行政区划、市场竞争等因素，使地方本位主义获得存在空间。人们对于与自身利益密切联系的地方利益有着更深的感受，在面对本地利益与他地利益之间的龃龉时，除非有中央统一协调，否则维护本地利益通常是他们的优先考虑和首要选择。在新冠肺炎疫情防控中，个别地方持着一种自保心态，单纯地从本地区利益出发，借防控之名、行歧视之实，以邻为壑。这些邻避行为正是以人的自利性为根基的地方本位主义的现实表现。

（二）疫情防控中邻避行为的违法性质

不同领域的邻避行为具有不同的性质，对于邻避行为的性质也可以从不同角度认知。对于疫情防控中的邻避行为，从法律角度去认知可以得出其具有违法性质的结论。《民法总则》第84条规定："不动产的相邻权利人应当按照有利生产、方便生活、团结互助、公平合理的原则，正确处理相邻关系。"住宅小区将疫情防控一线的医护人员挡在住宅小区之外、使其有家不能回，有违反《民法总则》上述法律规定之嫌。农村一些地方未经批准设卡限行、堵路断路的行为则具有明显的违法性。面对严峻的疫情防控形势，绝大多数省份启动了重大突发公共卫生事件一级响应机制，但即便是一级应急响应，

---

[11]［美］罗·庞德：《通过法律的社会控制 法律的任务》，沈宗灵、董世忠译，北京：商务印书馆1984年版，第81页。

[12]《毛泽东选集》第3卷，北京：人民出版社1991年版，第824页。

[13]费孝通：《乡土中国》，上海：上海世纪出版集团2007年版，第26页。

也只是对特定区域的通行权予以限制，而且这种限制只能由有权机关作出。依照《传染病防治法》《突发事件应对法》等法律规定，县级以上各级人民政府等法定机关在疫情发生时可以依法采取交通管制、交通卫生检疫、封锁疫区等防控措施。《道路交通安全法》明确规定了违法责任：对未经批准擅自挖掘道路的行为，由道路主管部门责令停止违法行为，并恢复原状，可以依法给予罚款；因擅自挖断、阻断进出道路造成他人人身、财产损害或其他严重后果，将依法追究法律责任。这些法律规定表明，村民未经有权机关批准而擅自堵路断路的邻避行为属于违法行为。在网络上公布从武汉和湖北其他地方返乡的人员的个人信息、辱骂武汉人湖北人、对鄂 A 车牌车辆围追堵截等行为因违反《民法总则》的下列规定而具有违法性："自然人的人身自由、人格尊严受法律保护"（第 109 条）；"自然人的个人信息受法律保护"（第 111 条）。此外，"一些地方和企业限制湖北籍员工复工，或者明确规定不录用身份证为 42 开头的湖北籍员工，甚至还出现患新冠肺炎的员工病愈后返回工作岗位被用人单位解雇的案例，这些做法不仅仅是对湖北籍员工情感的伤害，更是触碰了法律的红线，属于就业歧视的违法行为"[14]。

（三）疫情防控中邻避行为的侵权后果

疫情防控中的邻避行为是人们对于疫情风险的应激反应，其目的是为了防范因人与人之间的接触而导致病毒传播的风险，从而维护本人、本村人、本地方人的身体健康和生命安全。但是，在法理意义上，行为目的的正义性不能成为行为本身非正义的辩护理由。我国《宪法》第 51 条明确规定："公民在行使自由和权利的时候，不得损害国家的、社会的、集体的利益和其他公民的合法的自由和权利。"《民法总则》第 132 条规定："民事主体不得滥用民事权利损害国家利益、社会公共利益或者他人合法权益。"疫情防控中邻避行为的非正义性在于，这种"祸水东引"的行为不仅具有违法的性质，而且导致侵权的后果。一方面，邻避行为侵害了相对人的权利。住宅小区拒

---

[14] 徐隽：《中国社会法学研究会常务副会长林嘉表示：复工复产中应谨防对湖北籍员工的就业歧视》，http://society.people.com.cn/n1/2020/0305/c1008-31619080.html，2020 年 3 月 8 日访问。

斥医护人员、不让医护人员回家，侵害了医护人员的居住权——医务人员享有在租房屋中居住的"居住权"，这是从《物权法》第 117 条关于"用益物权人对他人所有的不动产或者动产，依法享有占有、使用和收益的权利"的规定中符合逻辑地引申出的结论。以堵路断路的方式阻断人员流动，被阻断的人员不仅仅是病人和疑似病人，还有健康人。即使是病人和疑似病人，也有依法享有"一定空间和时间内在道路上进行道路交通活动的权利"[15]。阻断交通的邻避行为侵害了人们的路权，包括上路行驶权、通行权等。基于疫情防控的需要，公民权利需要克减，但公民的隐私权、平等权和人格尊严在任何情况下都不能被缩减，无论他是病人也好，武汉人也好，都是如此。对从武汉和湖北其他地方返乡的人员进行登记，原本是为了掌握情况以便做好应对工作，但是泄露这些人的个人信息，侵犯了《民法总则》所保护的公民的姓名权、肖像权、隐私权、个人信息权等权利；复工招工中对湖北人的歧视，侵犯了《就业促进法》第 3 条规定"劳动者依法享有平等就业和自主择业的权利"。另一方面，邻避行为不利于疫情防控的协调联动，危及更多人的健康权、生命权等权利。疫情防控是一项系统工程，需要统筹兼顾、协调联动。然而，堵路断路的邻避行为造成一些地方的疫情防控各自为政、条块分割，妨碍防疫物质和生活用品的统一协调和调度，既影响对病人的救治，也影响健康人的"适当生活水准权"[16]的实现。

三、疫情防控中邻避行为的法治治理

新冠肺炎疫情防控既是对治理体系和治理能力的一次大考，也是推进人权法治建设的一次良机。全国各地对疫情暴发地和重灾区的武汉和湖北其他地方的驰援展现了国家制度和治理能力体系具有"坚持党的集中统一领导"以及"坚持全国一盘棋，调动各方面积极性，集中力量办大事"的显著优势[17]；疫情防控中一些地方出现的邻避行为则暴露出突发事件应对的短板

---

［15］金凡："路权与公交路权优先"，《建筑科技》2007 年第 9 期，第 29 页。

［16］参见李超群："适当生活水准权：当代人的基本权利"，《政法论丛》2015 年第 1 期，第 52 页。

［17］《中共中央关于坚持和完善中国特色社会主义制度推进国家治理体系和治理能力现代化若干重大问题的决定》，《人民日报》2019 年 11 月 6 日。

和弱项。消除和化解疫情防控中的邻避行为，可以通过社会主义核心价值观教育铸牢中华民族共同体意识，提高人们在突发事件中和衷共济、守望相助的道德素质。对于邻避行为所具有的违法和侵权的性质，更要求加强法律治理。从"加强人权法治保障，保证人民依法享有广泛权利和自由"[18]的新时代要求出发，用法治思维和法治方式消除和化解疫情防控中的邻避行为，是保障公民权利充分实现的现实选择。诚如全国人大常委会法工委研究室主任臧铁伟所指出的："各地方都要按照党中央的要求，坚持'全国一盘棋'，依法、科学防控疫情，统筹处理好疫情防控和经济社会发展、人民群众生产生活的关系，及时制止违法行为，不做以邻为壑、损人利己的事情。"[19]疫情防控中邻避行为的法治治理是一项复杂的系统工程，沿着从宏观到微观的路径，可以从以下三个方面努力。

（一）应急管理与法治宣传同行

新冠病毒毒性强且传播速度快，一时难以找到立竿见影的特效药，媒体对疫情的渲染报道势必对民众恐慌情绪起到推波助澜的作用。在这种情况下，人们采取邻避行为既是人的自利性的外部显现，也是人的自我保护的本能反应，因而解决防控疫情中的邻避问题不可能单纯依靠民众自身。我国政府"具有很强的号召力、动员力和凝聚力"，有"极大的向心力、亲和力和感召力"[20]，政府必须有序地开展疫情防控工作，给民众以信心和希望，使民众不至于因恐慌情绪而采取邻避行为。所以，以法治方式消解疫情防控中的邻避行为，治本之策是政府依法启动应急管理机制。"自 2003 年'非典'以来，中国的应急管理取得了长足的发展，在应急预案、应急体制机制和法制方面取得了卓有成效的发展"[21]，但完善国家应急管理体制、优化国家应急管理体系依然是未来公共危机管理法治建设的重要课题。在疫情防控中，

---

[18] 习近平："决胜全面建成小康社会，夺取新时代中国特色社会主义伟大胜利——在中国共产党第十九次全国代表大会上的报告"，《人民日报》2017 年 10 月 28 日。

[19] 朱宁："依法统筹推进疫情防控和经济社会发展——全国人大常委会法工委发言人就疫情防控法律问题再次发声"，《法制日报》2020 年 3 月 6 日。

[20] 王澜明："建设人民信任和满意的政府"，《中国行政管理》2012 年第 7 期，第 1 页。

[21] 王宏伟：《公共危机与应急管理》，北京：中国人民大学出版社 2015 年版，第 5 页。

政府依据法律规定进行应急管理，秉持应急管理的"统一领导，条块结合""依靠科学，快速反应""社会动员，民众参与""信息公开，引导舆论""预防为主，治防结合"等原则，形成一个全社会共同参与、各要素无缝对接的防控网络。政府对疫情的应急管理和有序防控具有安定民心的重要作用，使民众不至于因为恐慌而采取邻避行为。

由于疫情防控中的邻避行为具有违法的性质，疫情防控必须依法而行，因而有必要通过法治宣传教育提高民众的法治意识。习近平总书记指出："要加强疫情防控法治宣传，组织基层开展疫情防控普法宣传，引导广大人民群众增强法治意识，依法支持和配合疫情防控工作。要加强疫情防控法律服务，加强疫情期间矛盾纠纷化解。"[22] 疫情防控法治宣传，在实施主体上不能限于政府有关部门，法律职业组织也应该开展"送法下乡""送法下基层"活动；在时间上不能限于疫情发生之时，应该有关疫情防控的法律纳入平时法治宣传教育的内容；在内容上不能限于某一具体公共卫生事件，可以根据具体情况而有所侧重，总体而言应该既传播法律知识又培养法律人文精神。中国的乡土观念根深蒂固，"村落社会普遍存在'自己人'和'外人'的两种概念，自己人和外人的区分是农民重要的行为逻辑"[23]。因此，弘扬法律人文精神尤为重要，必须大力宣传平等、自由、人权等法律人文精神。尤其要重视公民意识的培养，使民众认识到：作为同一个国家的公民，所有人的法律地位平等，各民族、各地区的人民应该守望相助、和衷共济、共克时艰，应该实施"邻利行为"而不是"邻避行为"。

（二）良法之治与柔性执法共进

党的十八届四中全会指出："法律是治国之重器，良法是善治的前提。"[24] 从我国现行法律看，应对疫情防控中的邻避行为基本上有法可依，但也还存

[22]习近平：《全面提高依法防控依法治理能力　健全国家公共卫生应急管理体系》，http://www.xinhuanet.com/mrdx/2020-03/01/c_138831514.htm，2020年3月8日。
[23]柯芳："村落社会'自己人'纠纷的调解逻辑与送法下乡的困境"，《武汉理工大学学报》2017年第4期，第142页。
[24]《中共中央关于全面推进依法治国若干重大问题的决定》，《人民日报》2014年10月29日。

在需要完善的方面，例如，"如何协调《突发事件应对法》和《传染病防治法》中关于疫情情况的层级上报和警示信息公开问题……信息如何跑赢传播速度日新月异的谣言等问题"[25]，有待于法律给出明确答案。法律完善是事关宏旨的，只有制定得良好的法律才能为消除和化解疫情防控中邻避行为提供充分的依据。各级各类国家机关应该坚持法治统一原则，依据法定职权和程序对疫情防控方面的法律加以完善。就疫情防控中邻避行为的防范和治理而言，在完善法律时应该重视以下方面：设立疫情预警机制，以便及早发现并排除产生邻避行为的隐患；构建疫情防控的民间沟通机制，以便"避者"和"被避者"进行沟通，彼此尊重、相互理解和包容，使"避者"对邻避行为保持足够的理性；构建邻里守望制度，使疫情防控中遇到困难的人得到及时帮助；构建疫情防控中邻利行为补偿制度，使人们不至于因为担心邻利行为的损失而采取邻避行动；构建歧视行为的法律责任制度，使所有人都能享受到平等待遇，为惩罚违反《传染病防治法》第16条关于"任何单位和个人不得歧视传染病病人、病原携带者和疑似传染病病人"之规定而采取健康歧视、地域歧视的邻避行为提供法律依据。

良法只有在疫情防控中得到贯彻和执行，才能产生消除和化解邻避行为的实际效应，加强执法是消除和化解疫情防控中邻避行为的关键和核心。一方面，坚持严格执法。司法部在2020年2月24日发布的《关于推动严格规范公正文明执法为疫情防控工作提供有力法治保障的意见》明确指出："坚持严格执法……做到有法必依、执法必严、违法必究。"[26]疫情防控中的邻避行为具有违法性，必须以严格依照法律规定追究其法律责任的方式加以遏制。另一方面，实行柔性执法。毕竟，疫情防控中出现的邻避行为不同于其他违法行为，在一定意义上是行为人基于风险认知而采取的自我保护行动。执法机关及其工作人员应该实行人性化执法，充分理解民众对疫情的不安、忧虑、焦躁和恐慌等心理，多一些柔性执法，多一些人文关怀。对于一些主

---

[25] 吕廷君："疫情防控要严格执法　还要尊重科学"，https://theory.gmw.cn/2020-02/20/content_33574283. htm，2020年3月9日访问。

[26] 司法部：《关于推动严格规范公正文明执法为疫情防控工作提供有力法治保障的意见》，http://www. moj.gov.cn/government_public/content/2020-02/24/tzwj_3242342.html，2020年3月9日访问。

观恶性大、违法情节严重的邻避行为，如拒不恢复原状而对疫情防控造成严重危害的堵路断路行为，应该依照法律予以惩罚。对于主观恶意小、危害不大的邻避行为，如对挂鄂 A 车牌的车辆进行围追堵截的行为，则依法主要对行为者实行教育。

（三）法律激励与法律制裁并用

法律是人类的伟大发明，它使人的行为受到有效调控而不放纵，使社会运行处于有序状态中。如今，法治因其具有"定纷止争""禁奸止邪""安良除暴""维护平等""保障人权""促进正义"等功能而作为治国理政的基本方略受到普遍推崇，良法善治成为我国新时代国家治理现代化的基本遵循。消除和化解疫情防控中的邻避行为而实现疫情防控的良法善治，在宏观上有赖于在党的领导下完善法律和加强执法，在微观上则需要采用法律激励和法律惩罚两种方式。法律激励是通过满足守法者物质利益或精神利益的法律措施而对守法行为给予肯定和鼓励。运用这一方式消除和化解疫情防控中的邻避行为，可以从两个方面入手：一是对疫情防控中的邻利行为，即对来自疫源地的车辆和人员提供帮助的利他行为，国家依法给予物质补偿或物质奖励、依法授予荣誉等；对招用来自疫情较严重地区的务工人员的单位，政府给予财政上的补贴或优惠。二是对疫情防控中违反法律规定实施邻避行为、但确有悔改表现且加以纠正或补救的邻避者，结合具体情况从轻处罚、减轻处罚或者不处罚。

法律惩罚是通过损害或剥夺违法者物质利益或精神利益的法律措施而对违法行为给予否定和制裁。运用将这一方式消除和化解疫情防控中的邻避行为，就要按照法律规定对邻避行为进行处理，追究邻避行为的法律责任。对疾病预防控制机构违反《传染病防治法》第 68 条关于"故意泄露传染病病人、病原携带者、疑似传染病病人、密切接触者涉及个人隐私的有关信息、资料"规定的邻避行为，由县级以上人民政府卫生行政部门责令改正、通报批评、给予警告，被侵权人可以依照《侵权责任法》的规定要求侵权人承担侵权责任；对于违反《传染病防治法》第 16 条关于"任何单位和个人不得歧视传染病病人、病原携带者和疑似传染病病人"规定，辱骂或抹黑这些人甚至疫情高风险地区的人员，排斥和歧视没有受病毒感染且体检合格的疫情高风险地区务工人员的邻避行为，由有关部门责令改正，也可以依据《侵权责任法》要求侵权人承担侵权责任；对于因擅自堵路断路而造成他人人身、财产损害或其他严重后果的邻避行为，依法追究法律责任。

中国战"疫"中的基本人权保障 *

西南政法大学人权研究院

（西南政法大学官网　2020 年 2 月 21 日）

2020 年的春天对于中国而言注定是不平凡的。一场突如其来的新型冠状病毒（2019-nCov）疫情让整个国家高度紧张，乃至全世界人民关切的目光都投向了中国—湖北—武汉：

2019 年 12 月，湖北省武汉市发现多起病毒性肺炎病例，疑似患者的数量在短时间内不断攀升。一种未知的新型病毒，万级数量的感染风险，暴发在了千万级人口规模的超大城市之中；而这次疫情的暴发时间点正逢中国一年一度的"春运"期间，武汉已经在庚子春节之前，向全国各地输出旅客 500 万人次。2020 年 1 月 23 日，武汉疫情防控指挥部通告，武汉全市城市公交、地铁、轮渡、长途客运暂停营运，机场、火车站离汉通道暂时关闭。2020 年 1 月 30 日，世界卫生组织（WHO）宣布，将新型冠状病毒疫情列为国际关注的突发公共卫生事件（PHEIC）。

这是一场在极限条件下发生的公共卫生突发事件的应急考验，是对国家在疫情认知预判、危机治理、应急管理和社会治理等多层面的现代化治理能力和体系的一次大考，也是对中国政府在战"疫"行动中如何保障每一位公民的人权，承担世界公共卫生安全的国家责任，践行联合国《世界人权宣言》的一次大考。

---

* 本文为西南政法大学人权研究院通过对疫情防控期间大量数据、素材的收集梳理，组织撰写的独立研究报告。

1月7日，习近平总书记在主持召开中共中央政治局常务委员会会议对疫情防控工作提出要求。1月20日，习近平总书记强调要把人民群众生命安全和身体健康放在第一位，坚决遏制疫情蔓延势头。1月25日农历正月初一，习近平总书记主持召开中央政治局常务委员会会议，专门听取新型冠状病毒感染的肺炎疫情防控工作汇报，对疫情防控特别是患者治疗工作进行再研究、再部署、再动员。会议决定，党中央成立应对疫情工作领导小组，在中央政治局常委会领导下开展工作。党中央向湖北等疫情严重地区派出指导组，推动有关地方全面加强防控一线工作。此外，中央政府还建立联防联控工作机制，分类指导全国各地做好疫情防控工作。1月22日，鉴于疫情迅速蔓延，防控工作面临严峻挑战，习近平总书记明确要求湖北省的人员外流实施全面严格管控。此后，习近平总书记多次召开会议或作出重要指示、批示，或亲赴抗疫一线调研指导，对抗疫工作进行总体部署、总体谋划。1月27日，国务院总理李克强来到武汉，考察指导疫情防控工作，看望慰问患者和奋战在一线的医护人员。中央政府成立了应对疫情工作领导小组，建立联防联控工作机制，分类指导全国各地做好疫情防控工作。中国坚持人民群众生命安全和身体健康是"第一位"，全力以赴救治患者；坚持疫情防控全国统筹安排，全国各族人民支持湖北和武汉人民的抗疫工作；同时对一线的医务工作者、科研人员、基层干部人文关怀，保障一线工作者的各项权利。

中国在抗击疫情行动中所展现的坚定信心、人民的同舟共济、一线人员的科学防治、政府的精准施策，已经获得了全世界具有同情心的国家、人民和政府的普遍认同和支持。中国政府在战"疫"期间所采取的种种必要举措，使政府的信心和决心、公众向心力和社会凝聚力不断提升，构建了中国战"疫"行动中人权保障的坚实基础。

但即使在中国人民遭受病毒肆虐之苦时，总还有一些人、一些组织打着"人权"的幌子，对中国在战"疫"非常时期所采取的非常举措进行"一叶障目"的曲解和误读。"大赦国际"及"人权观察"纷纷指责我在应对新型冠状病毒工作中存在多方面"侵害人权之行为"，包括"严格审查并封锁消息的公众知情权""限制武汉及周边地区人民迁徙自由权""侵犯患者健康权""侵犯民众隐私权""歧视、骚扰湖北居民"以及"任意拘留、骚扰恐吓活动人士"等。少数国际组织和个人刻意曲解中国防疫工作措施及保障人民健康、保障公共秩序等方面所做出的巨大努力，原因无非有三：一是他们混淆了日常状态与突发事件下国家对人权保障必要克减的不同原则与标准；二是他们固守的政治化人权意识形态在作祟；三是他们对"人权"概念采用双重标准和断章取义的表述。

中国在这场战"疫"行动中，始终以人民的生命健康权为中心，以保障每一个公民的基本权利为出发点，使中国公民在疫情期间的基本人权得到尊重和保障。本报告基于近期抗疫数据统计和整体态势，就中国在疫情发生期间的基本人权保障措施进行以下 9 个方面的分析：

一、"第一位"的生命健康

自疫情发生以来，中国坚持将每一位公民的生命健康权作为"第一位"的基本人权予以保障。1 月 20 日，中共中央指出，"要把人民群众生命安全和身体健康放在第一位，制定周密方案，组织各方力量开展防控，采取切实有效措施，坚决遏制疫情蔓延势头。要全力救治患者，尽快查明病毒感染和传播原因，加强病例监测，规范处置流程。"1 月 25 日，再次强调，"全面动员，全面部署，全面加强工作，把人民群众生命安全和身体健康放在第一位，把疫情防控工作作为当前最重要的工作来抓。"1 月 28 日，习近平在会见世卫组织总干事谭德塞时，向世界承诺："人民群众生命安全和身体健康始终是第一位的，疫情防控是当前最重要的工作。"

中国政府应对新型冠状病毒感染肺炎疫情工作领导小组从以下四个方面来保障公民的生命健康权：第一，中央政府向湖北派出专业指导组，推动加强防控一线工作。第二，调配全国医疗资源，优先保障湖北省和武汉市急需的医护力量和医疗物资，确保武汉市民生活必需品供应。第三，湖北省和武汉市加快建设集中收治医院，做到"早报告、早隔离、早治疗"；及时将确诊患者、疑似患者、无法排除感染可能的发热患者、确诊患者的密切接触者这"四类人员"集中收治、隔离。第四，努力提高收治率和治愈率、降低感染率和病死率。

1 月 23 日和 24 日，中国决定建造火神山和雷神山两座超级传染病医院。在 10 余天内，火神山医院完工并交付，建筑面积 3.39 万平方米，可容纳 1000 张床位，集中收治新冠病毒感染的重症患者；雷神山医院也在随后两日完工并交付，医疗隔离区 5.1 万平方米，床位增至 1600 张，可容纳 2000 余名医护人员，0.9 万平方米的医务人员住宿区。2 月 3 日晚，针对数量巨大的轻症患者，武汉国家会展中心、洪山体育馆、武汉客厅开始以军队野战机动医疗系统"方舱医院"的模式建设，武汉相继征用 36 家场馆、学校、公共设施改造成"方舱医院"；湖北各地也不断推广方舱医院的建设，并得到来自中国其他 19 个省市精锐医疗资源的支持。这种每天以万级数量床位的投入，使得每一个患者得到及时、安全和稳定治疗成为可能。

除湖北省以外，中国其他各省、自治区、直辖市也都根据《国家突发公共卫生事件应急预案》规定，相继发出一级响应，并对保障人民群众生命安全和身体健康因地制宜提出细化措施：（1）各省市向社会公布了新冠肺炎各级定点收治医院名单，按照"集中患者、集中专家、集中资源、集中救治"的原则，统筹安排和科学调配医护力量，全力做好设备、床位、药物等物资准备，全力开展应急科技攻关，及时收治所有确诊患者，全力以赴救治每一位感染患者；（2）广东、浙江、重庆等地为了减少不必要的交叉感染风险，多家三甲医院推出互联网医疗服务，通过专家在线问诊的方式提供免费咨询；（3）各地加强新型冠状病毒肺炎疫情防控期间，医疗废物收集转运处置工作的若干措施，保障人民的身体健康；（4）各地相继发布《新型冠状病毒肺炎疫情紧急心理危机干预实施方案》，将针对不同人群实施分类心理危机干预，保障个体的心理健康。中国在战"疫"行动中，对公民生命健康权的特别战时军援和地方三级分区保障模式已初见雏形。

二、"同标准"的平等保护

在这一场特殊的战"疫"行动中，新型病毒是全人类共同要面对的"敌人"，而不是某一地域、某一国家的人民。疫情暴发初期，所谓"武汉病毒""中国病毒"的称谓，甚至贴上"黄祸""东亚病夫"等污名化标签，都是对正在遭受新型冠状病毒侵害的中国人民的歧视和不公平对待，是违背平等保护的基本人权原则的表现。我们也并没有见到其他国家或地区，包括美国在内发生疫情而被称之为什么"病夫"或什么"祸"！可见西方那些组织、智库和媒体对中国的歧视和偏见根深蒂固，其背后就是赤裸裸的政治目的。2月12日，世卫组织以病毒学特征和暴发时间为客观标准，正式将这种新型病毒命名为COVID-19病毒，则可以消除各国在人权保障中可能出现的地域和国别歧视问题。

中国政府在抗击疫情的过程中，坚持同等标准、优待弱势的平等保护原则，一旦发现问题，及时纠正，坚决杜绝针对湖北籍或武汉籍公民的歧视或骚扰行径。1月27日，中央应对新型冠状病毒感染工作领导小组会议部署，"对节后人员返程疫情防控工作，进行错峰疏导，指导有关单位允许来自疫情高发地区人员、非紧迫工作岗位人员适当延期返程，对高风险人群延长居家留观时间；湖北等疫情相对严重省市可依法经国务院批准，采取适当推迟开工开业开课等必要措施。"1月31日又部署："同意湖北省将春节假期适当延长，当前人在湖北、工作在外地的人员同样延长假期，暂不返回工作地，以利于疫情防控。"

湖北省和武汉市及其他地方政府公布了对湖北籍或武汉籍返程人员的平等保护措施：（1）籍贯或常驻在武汉，由于春节的原因到了外地，现在希望回到武汉的人员。所在地的有关部门做好对接，保证他们返回武汉。（2）在武汉工作，春节前回家乡过年，现在需要返回武汉工作的。武汉将优先安排保障城市运行和居民生活密切相关人员的返汉。（3）协调安排专门酒店宾馆作为湖北籍游客的定点接待酒店，为他们在外地隔离，暂不返鄂提供休息场所。例如广州全市共协调安排22家酒店宾馆作为湖北籍来穗游客的定点接待酒店，覆盖全市11个区。定点接待酒店共入住客人约192人，其中湖北籍61人。

同时，各地方政府也出台相应措施，实现疫情期间对特殊群体、弱势群体权利的平等保护：（1）各地政府向广大农民朋友发出倡议书，做到疫情期间"九要九不要"的公共卫生保障，特别要求基层一线的扶贫干部，要引导帮助贫困群众落实防控措施，确保不漏一户、不落一人。（2）各地政府针对幼儿园、中小学、高等院校，对养老机构、精神病医院、康复中心等实行封闭式管理，并建立日报告、零报告制度，做好未成年人、老年人、残疾人等弱势群体的心理疏导，并通过电话、视频等方式与亲友加强交流。（3）在少数民族聚居地区，当地政府组织工作人员深入流动聚居区，通过悬挂条幅、张贴倡议书，发放宣传资料等形式，使用多种少数民族语言进行疫情防控和公共卫生知识宣传。（4）沿海省市政府开展了对港澳台同胞的战"疫"倡议书，加强个人安全防护，科学安全就医；主动学习获取疫情防控知识和政府发布的相关信息。

三、"基础性"的法治保障

坚持全面依法治国，是中国政府保障公民基本人权的制度基础。中国的战"疫"行动离不开制度性的保障，法治原则是非常时期采取非常措施的合法性根基，也是实现特殊时期人权保障的底线。

2月5日，中共中央全面依法治国委员会第三次会议指出："从立法、执法、司法、守法各环节发力，全面提高依法防控、依法治理能力，为疫情防控工作提供有力法治保障。"会议审议通过了《关于依法防控新型冠状病毒感染肺炎疫情、切实保障人民群众生命健康安全的意见》："当前，疫情防控正处于关键时期，依法科学有序防控至关重要……在法治轨道上统筹推进各项防控工作，保障疫情防控工作顺利开展。""要完善疫情防控相关立法，加强配套制度建设，完善处罚程序，强化公共安全保障，构建系统完备、科学规范、运行有效的疫情防控法律体系。"同时，中国政府要求"各级政府要全面依法履行职责，坚持运用法治思维和法治方式开展疫情防控工作，在处置重大突发事件中推进法治政府建设，提高依法执政、依法行政水平。各有关部门要明确责任分工，积极主动履职，抓好任务落实，提高疫情防控法治化水平，切实保障人民群众生命健康安全"。

全国各地方立法机关也相继出台疫情期间的合法性审查工作。重庆、四川、福建等省市的人大常委会根据《中华人民共和国传染病防治法》《中华人民共和国突发事件应对法》《突发公共卫生事件应急条例》等有关法律和行政法规，结合本地疫情防控期间的工作实际，分别通过各地方《关于依法全力开展新冠肺炎疫情防控工作的决定》，对战"疫"期间公民的基本权利和义务进行了清单式列举，并对照各地《突发事件应对条例》《动物防疫条例》《医疗机构管理条例》《〈中华人民共和国红十字法〉实施办法》《爱国卫生条例》《市容环境卫生管理条例》《农村初级卫生保健条例》《野生动物保护条例》《环境保护条例》《食品生产加工小作坊和食品摊贩管理条例》《物业管理条例》《志愿服务条例》《轨道交通条例》等相关法律法规，明确了防疫期间的 16 种禁止性行为，为中国采取的合法战"疫"行动提供了法源保障。

同时，2 月 11 日，中国最高人民检察院对外发布首批十个妨害新冠肺炎疫情防控犯罪典型案例。其中包括涉及抗拒疫情防控措施、暴力伤医、制假售假、哄抬物价、破坏野生动物资源等七类犯罪。依法办理各类妨害新冠肺炎防控犯罪案件，在介入侦查、引导取证、审查逮捕、审查起诉各个环节依法把握违法行为与刑事犯罪的界限，为中国疫情期间的社会秩序安定、民众权益保障提供了司法保障。

四、"稳人心"的民生工程

2 月 12 日，中国领导层再次明确，中国的抗疫行动必须全国统筹"一盘棋"：把疫情防控与经济社会秩序恢复，疫情防控和经济社会发展结合起来。中国国家主席习近平提出，要坚定信心，看到中国经济长期向好的基本面没有变，疫情的冲击只是短期的。要加强经济运行调度，尽可能降低疫情对中国经济的影响，努力完成中国 2020 年经济社会发展各项目标任务。也就说，这场战"疫"行动不仅是对中国在极端条件下"公共卫生"应急体系的考验，更是一场"稳人心"的现代化国家治理体系和能力的考验。可以说，民生保障是战"疫"行动中最根本的人权保障。

因此，中国各地方政府按照中央政府的统筹安排，相继出台了复工复产、物资保障、交通运输、能源保障、减税扶持、劳动保障等一系列支持民生权利的举措：（1）引导企事业单位错峰上班、居家办公和农民工分批有序到岗。确保防控物资和生活必需品等稳定供应，支持企业尽快复工，建立绿色通道，确保物流配送畅通和销售网点生活必需品及时补货。（2）做好煤电油气供应保障。强化属地政府和企业责任，做好生产恢复后疫情防控。（3）铁路民航等采取隔座乘车乘机等降低疫情传播风险。（4）学校可根据防控需要适当推迟开学，错峰开学，做到"停课不停学"。（5）落实财税金融、政府收储等政策，协调解决原料、用工等困难，促进医用防护服、口罩等增产增供，进一步保障武汉等重点地区需要。（6）减免中小微企业租金，落实国家税费优惠，减免地方相关税费，支持民营经济复苏发展。（7）对异地就医患者先救治后结算，报销不执行异地转外就医支付比例调减规定，简化备案流程，推广电话、微信、互联网等备案渠道。（8）企业因疫情影响停工停产，未超过一个工资支付周期（最长三十日）的，应按照正常工作时间支付工资；超过一个工资支付周期的，可以根据职工提供的劳动，按照双方新约定的标准支付工资；企业没有安排职工工作的，应当按照不低于当地最低工资标准的80%支付职工生活费。

以上种种措施，反映了中国百姓在新冠疫情防控行动中的"民生晴雨表"：日常生活"米袋子""菜篮子"和"果盘子"；水电气能源的供应；交通出行方式和工具的选择；儿童上学与课业辅导；家庭企业的税负减免；个人与企业用工保障等民生福利。这些举措是中国政府与全国人民的共同付出而实现的，个人的发展权、受教育权、劳动保障权等一系列经济社会文化权利，也成为了增强中国人民战"疫"信心的"民心"人权。

五、"透明化"的信息发布

中国在这次战"疫"行动的初期，由于对新型冠状病毒的科学认知有待进一步完善，虽然从中央到各地普遍建立了疫情发布制度，但部分地方政府在通报中语焉不详，一定程度上造成了民众的心理恐慌，使公民的信息知情权受到消极影响。

1月25日，中国领导层重申："及时准确、公开透明发布疫情，回应境内外关切。"2月3日，再次强调："要正视存在的问题，及时发布权威信息，回应群众的关切，增强及时性、针对性和专业性，引导群众增强信心、坚定信心。"

近年来，中国的互联网技术日新月异，"大数据""人工智能"等概念家喻户晓。现在中国完全有条件、也有能力在大数据技术支持下，做到疫情信息高度透明，调度智能平衡，病情监控到位：（1）中国政府已经充分利用中国互联网技术、平台优势和发达的物流、电商的数据化信息优势及专业化的效率优势，从阿里、腾讯、京东、滴滴、美团、顺丰、360、百度等优秀"大数据"平台，实现了新冠疫情的实时直报。（2）针对互联网上的疫情虚假信息，中国政府加大信息公开力度，通过"全国新冠肺炎疫情实时通告"等平台，及时通报全国疫情状况，受到公众好评。截至2020年2月14日17点20分，全国疫情数据统计现存确诊病例55591例，现存疑似病例10109例，治愈6973例，现存重症10204例，死亡1382例。（3）中国的大数据平台上，还可以通过迁徙地图、附近疫情、患者求助、免费问诊、发热门诊等功能实现线上交互，并同时发布31个省（自治区、直辖市）和新疆生产建设兵团的地方疫情以及海外疫情数据。（4）中国浙江等互联网技术先进地区，已经依托大数据，针对正在开展的复工复产，因地制宜、分类指导，实现大数据战"疫"、智能云与高效运转的智慧城市、数字政府、指尖计划等互联结合，快速组建四大应急大数据智慧调度平台：应急大数据指挥平台、应急物流指挥平台、应急物资保障（电商）平台、应急城市交通指挥平台。（5）中央与地方开始同步建立慈善大数据监管子平台，做到慈善款项支出明细，定向捐赠物资流向，慈善物资质量保障的全时、全链、全网、全方位监管。

中国在这次战"疫"行动中，充分利用新技术力量和大数据，做到关键数据高效汇总、应急物资精准投放和城市紧急交通调度，用大数据辅助中央政府决策，提升疫情指挥效率，帮助国家和民众攻克难关。近日，中国社会科学院一项超过1.2万人参与的线上调查表明：中国民众认为政府在疫情信息公开及时性上有了大幅提高，对政府疫情信息透明度的基本满意率达到了93.5%，在现代互联网技术的辅助下，公民的知情权、批评权和监督权得到了切实保障。

六、"第一线"的人文关怀

自疫情发生以来，中国大地上出现了众多的"逆行者"，他们的选择令人动容。在这场没有硝烟的战争中，中国的一线专业人员成为了抗疫行动中保障公众基本人权的中流砥柱：华中科技大学同济医院的"铁娘子"医生严丽的坚持，呼吸科女医生不告知丈夫的请战书，隔离病房中的"拄拐大夫"把对女儿的挂念压在心底，年仅 35 岁的李文亮医生在工作中感染去世……他们是中国的英雄。

中国国家主席习近平对此高度评价："全国广大医务工作者义无反顾冲上疫情防控第一线，同时间赛跑，与病魔较量，顽强拼搏、日夜奋战，展现了对人民高度负责的精神面貌。""要关心关爱广大医务人员，他们夜以继日、连续奋战，非常辛苦，不少医务人员不幸被病毒感染，有的甚至献出了生命，体现了医者仁心的崇高精神。"

2 月 11 日，中国国务院办公厅转发国家卫生健康委、人力资源社会保障部、财政部《关于改善一线医务人员工作条件切实关心医务人员身心健康若干措施》的通知，提出了七方面措施：（1）改善医务人员工作和休息条件。加强医务人员职业暴露的防护设施建设和设备配置，重点改造医生办公室、值班室和休息室；为一线工作人员提供自我保护的物资储备。（2）维护医务人员身心健康。合理安排医务人员作息时间，初步建立支援——轮休制度；加强医务人员个人防护，组织做好一线医务人员健康体检，最大限度减少院内感染；加强心理危机干预和心理疏导，减轻医务人员心理压力。（3）落实医务人员待遇。为疫情防控一线医务人员和抗疫工作者发放临时性工作补助；向防控任务重、风险程度高的医疗卫生机构核增不纳入基数的一次性绩效工资总量；开通医务人员工伤认定绿色通道。（4）提高卫生抗疫津贴标准。出台提高卫生抗疫津贴标准的政策。（5）加强对医务人员的人文关怀。对家庭困难的一线医务人员家属进行对口帮扶。（6）创造更加安全的执业环境。对发现有歧视孤立一线医务人员及其家属行为的，要及时进行批评教育，情节严重的依法予以处理；对伤害医务人员的，要坚决依法严肃查处。（7）弘扬职业精神做好先进表彰工作。做好一线人员的物质和精神奖励和及时性表彰工作，为做好疫情防控工作增强信心、凝聚力量。

中国的这场抗疫战争，一线的医务工作者、科研人员、基层干部是取得战"疫"胜利的关键。中国需要英雄，但更需要从人文关怀和人权保障的维度，对这些无私奉献的"大爱者"给予无微不至的关怀。不能让任何一线工作者受到不公平对待，不让任何一个逝去的英雄白白牺牲。正如世卫组织总干事谭德塞所发出的赞叹："我向中国的医护人员、特别是在湖北省的医护人员致敬。他们在巨大压力之下，不仅在照顾患者，还在为针对新冠病毒的科学分析搜集数据。全世界感激你们为找到更好的治疗方法和防止病毒蔓延所做的努力。"

七、"网格化"的基层防控

中国的"网格化"基层社区管理本是依托统一的城市管理以及数字化的平台，将城市管理辖区按照一定的标准划分成为单元网格。基层社区通过加强对单元网格的部件和事件巡查，建立一种监督和处置互相分离的社区管理形式。而在这次战"疫"行动中，基层社区的"网格化"防控，成为了保障人民群众生命健康安全的"第二条防线"。

2月10日，习近平主席指出："社区是疫情联防联控的第一线，也是外防输入、内防扩散最有效的防线。把社区这道防线守住，就能有效切断疫情扩散蔓延的渠道。全国都要充分发挥社区在疫情防控中的阻击作用，把防控力量向社区下沉，加强社区各项防控措施的落实，使所有社区成为疫情防控的坚强堡垒。"

中国政府在落实以社区防控为主的综合防控措施，指导社区科学有序地开展新型冠状病毒感染的肺炎疫情防控工作中，坚持"早发现、早报告、早隔离、早诊断、早治疗"，防止疫情输入、蔓延、输出，控制疾病传播。其主要措施如下：（1）卫生健康行政部门组织辖区内基层医疗卫生机构工作人员参加新型冠状病毒感染的肺炎病例的流行病学调查；对辖区内来自武汉的人员进行警示，要求到社区卫生机构登记并实行居家医学观察 14 天；医疗机构加强预检分诊工作，根据患者症状体征和流行病学史，引导病例至专门的发热呼吸道门诊就诊。（2）街道（乡镇）和社区（村）实行网格化管理，加强重点人员追踪，做好密切接触者管理，大力开展爱国卫生运动，加强健康宣教工作。

全国各地基层社区的网格化防疫工作也逐渐向精细化、准确化、科学化方向发展。以重庆市渝北区木耳镇调查为例，该镇全面开展第三轮社会面大排查，严格实行"1＋3＋1"包片区、包楼栋制，持续利用好电话访问，反复核查、走访无人在家、公租房片区转租户等排查盲点和漏洞；建立 1 个专班，对湖北籍返渝人员实行专班负责，实行由 1 名机关干部、1 名村居干部、1 名派出所民警、1 名医务人员、1 名网格员和 1 名隔离人员邻居组成志愿者的"5＋1"模式；张贴 2 处告示，在隔离户门上和楼栋口分别张贴居家隔离人员告示单，接受社会监督；提供 3 项服务，为隔离人员提供生活品配送服务、体温监测服务、心理疏导服务；实行小区封闭式管理，安装分流通道，群众凭出入卡单向进出，小区出入口设置检测点，严格执行"三必查、一登记、一告知"，即查体温、查身份、查来渝路线，对所有返回人员进行分类登记，检测点专设市外人员通道，告知居家隔离要求。

在中国，像这样的千千万万个街道（乡镇）和社区（村）所采取精细化、差异化的基层防控策略，为每一个人在自己身边筑起了一道防控新冠病毒的社区防线，每一位中国社区工作者的职责坚守，就是对每个中国人生命健康这一基本人权的守护。

八、"问责制"的战"疫"监督

2 月，正是中国疫情防控的关键时刻。如果此时有干部不担当、不作为，就是对生命的不负责！有权必有责、用权受监督、失职要问责、违法要追究。

2 月 10 日，中央赴湖北指导组约谈了武汉市武昌区区长、洪山区区长、武汉市副市长等干部，对在危重症病人送往指定救治医院过程中的延迟问题进行质问，要求不作为的干部挨个向患者赔礼道歉并做出党纪政纪严肃问责；

2月11日，湖北省卫健委党组书记张晋、省卫健委主任刘英姿被双双免职；广西壮族自治区纪委 11 日通报广西河池市金城江区卫健局副局长程志勇从湖北返回，违规外出聚餐被免职立案调查；黄冈市卫健委主任唐志红在中央督促组了解情况时，对定点医院收治能力和具体床位数量，一问三不知，1月底被免职；在武汉医疗物资急缺时，湖北省红十字会严重失职，其专职副会长张钦被免职……湖北黄冈问责 337 人，免职 6 人；湖北十堰问责 43 人，免职 4 人；沈阳问责 72 人；河南问责 5 人……

2月11日，中共中央决定，新任湖北省常委王贺胜兼任湖北省卫健委主任；2月13日，中共中央决定，应勇任湖北省委委员、常委、书记，蒋超良不再担任湖北省委书记、常委、委员职务。王忠林任湖北省委委员、常委和武汉市委书记，马国强不再担任湖北省委副书记、常委、委员和武汉市委书记职务。

在 20 多天里，中国政府对干部进行了严厉的问责监督：全国各地被问责的干部上百名，暴露出来的典型问题得到了及时纠正，严重失职失责的干部被立即免职，充分表明中国政府在战"疫"行动中高度重视保障人民基本人权，在有关措施上展现出更强的执行力、更强的决断力和更高的效率的决心。

九、"共同体"的国际合作

中国自暴发新冠病毒疫情以来，一直牵动着世界各国人民的心。在未知的病毒面前，人类唯有团结协作、相互取暖、命运与共，才能保护人类的生命，捍卫人类的尊严。

世界对于中国在战"疫"期间所采取的保障人民生命健康权利的必要措施，高度认可，并为中国在战"疫"行动中所付诸的巨大努力和牺牲，由衷称赞。联合国秘书长古特雷斯 2 月 4 日呼吁，在新型冠状病毒疫情问题上，国际社会要有一种强烈的团结感，在目前困难的情况下，对中国以及其他可能受到疫情影响国家表达强烈的支持和关注。面对这场疫情，中国动员了巨大的资源和各方面的能力来加以应对，联合国对这一努力给予充分肯定。联合国负责人道主义事务的副秘书长洛科克 2 月 13 日在纽约联合国总部表示，中国为抗击新冠肺炎疫情采取了卓越非凡的措施。面对疫情的严峻挑战，联合国坚定地与中国人民站在一起，直到取得抗疫最后胜利。世卫组织总干事谭德塞更是对中国的抗疫行动表示钦佩："在疫情面前，中国政府展现出坚定的政治决心，采取了及时有力的举措，令世人敬佩。""中国的行动速度之快、规模之大，世所罕见。""这是中国制度的优势，有关经验值得其他国家借鉴。"因为"中国采取的措施不仅是在保护中国人民，也是在保护世界人民。"

迄今为止，全世界已有 70 多个国家，上百名政要以及包括非盟、上合组织在内的 30 多个国际组织的负责人通过致函等方式向中国为抗击新冠病毒疫情所做出的努力表示积极评价，为武汉加油、为中国加油。韩国、日本、英国、法国、土耳其、巴基斯坦、哈萨克斯坦、匈牙利、伊朗、俄罗斯、印度尼西亚等国家向中国捐赠的疫情防控物资陆续运抵中国。在这个全球化的时代，面对病毒这一人类共同的敌人，任何个人、国家或组织都不可能置身事外：世界卫生组织期盼全球的病毒专家与中国专家一起早日研发出有效应付新冠病毒的疫苗和治疗方法；全世界的网友共同见证了两座中国超级医院的拔地而起，为中国速度和效率而赞叹；美国哥伦比亚大学利普金教授在疫情关键时期再度访华，与中国同行携手遏制疫情。

同声自相应，同心自相知，世界与中国在一起。正如日本人民在所捐赠物资上的留言："山川异域，风月同天""岂曰无衣，与子同裳"。这些古老的"中国话"成为了当今世界人民共同的语言，这种患难与共、国际协作的态度，就是对人类命运共同体精神的发扬。

疫情就是和平时期的"战争"。当人们面对病毒这个看不见的"敌人"时，每一个人都会感受到死亡的恐惧，而每一个人都渴望活着。正是这种根植于人性中的矛盾，才让中国人民的战"疫"行动显得如此弥足珍贵：中国"逆行者们"选择了最大的奉献与牺牲；中国"民众们"选择了最大的忍耐与自治；中国政府选择了最大的透明与高效；中国共产党选择了最大的关怀与担当。可以说，世界上没有一个国家，一个民族，一个政府，或是一个执政党在面临如此极限规模的疫情暴发时，表现出如此坚定的决心、强大的信心和高效的行动。

　　"不经一番寒彻骨，怎得梅花扑鼻香。"只有经历过苦难考验的民族、国家和人民，才能真正懂得"人权"一词的内涵，才能领悟《世界人权宣言》中"以兄弟相称"的真谛。中国人心中都珍藏着有一个"家"的理想，在疫情面前，中国人民选择了弃"小家"而保"大家"，舍"小利"而求"大同"。这种"己所不欲勿施于人"的仁爱公义之心，是中国人对于"人权"概念最好的诠释。我们始终坚信，人民的幸福生活就是最大的人权！而幸福生活的最大前提是人的生命和健康。

　　没有一个冬天不可逾越，没有一个春天不会来临。

　　武汉必胜！中国必胜！

第二部分

反对种族主义、反歧视、反污名化

种族歧视与仇外主义严重阻碍全球疫情防控

郝亚明[*]

（《光明日报》 2020 年 4 月 3 日）

联合国将每年的 3 月 21 日设立为国际消除种族歧视日，旨在号召国际社会加倍努力消除各种形式的种族歧视。然而在新冠肺炎疫情肆虐全球的当下，与各国携手合作共同抗击疫情相伴随的却是部分西方国家种族主义、仇外主义的甚嚣尘上，以至于多家联合国机构不得不相继发表声明予以回应。3 月 23 日，当代形式种族主义、种族歧视、仇外心理和相关不容忍现象特别报告员滕达伊·阿丘梅表示，各国政府必须确保其应对新冠肺炎疫情大流行的措施不会助长仇外心理和种族歧视，并根除所有国家政策和信息中的仇外言论。3 月 24 日，联合国 10 个人权条约机构的主席敦促全球领导人，确保政府在应对新冠肺炎疫情大流行造成的公共卫生威胁时，必须采取积极步骤防范种族主义、仇外心理、避免放任民族主义情绪高涨。3 月 30 日，联合国少数群体问题特别报告员费尔南·德瓦雷纳表示，新型冠状病毒不仅仅是健康问题，也可能成为一种加剧仇外心理、仇恨和排斥的病毒。一些团体和政客利用人们对新冠肺炎疫情的恐慌，将少数群体当作替罪羊。综观本次疫情中部分西方国家所表现出来的种族歧视与仇外主义，大致可以区分为以下三种类型：

第一种是大众恐慌性种族歧视和仇外主义，主要出现在普通民众之中。

---

[*] 作者郝亚明系天津市中国特色社会主义理论体系研究中心南开大学基地研究员、南开大学人权研究中心研究员。

在疫情暴发早期突出表现为不同族群在自我防护问题上的认知差异与文化冲突，一些亚洲裔人士因在公共场合佩戴口罩而遭到其他族裔的辱骂攻击；随着疫情在西方国家的扩散与蔓延，同时也是由于新冠肺炎传染性强、死亡率较高且目前尚无有效治疗药物等客观原因，在一些西方国家民众中逐渐酝酿出了恐慌与排斥心理，产生了针对华裔乃至整个东亚族裔的孤立、偏见与歧视，对这些人群的口头辱骂、恶意中伤、暴力对待时常见诸报端。从媒体报道来看，早期有亚裔因在公共场合佩戴口罩遭受攻击，后期却又有亚裔因在公共场合未佩戴口罩而遭受辱骂，这种荒诞的情节却真实而清晰地凸显出种族主义的行为逻辑。

第二种是意识形态性种族歧视与仇外主义，主要出现在部分西方主流媒体之中。随着中国抗击疫情的不断推进，中国政府采取了包括封锁部分疫情严重地区、建立方舱医院集中收治轻症病人、针对部分人群采取多种形式的隔离处置、要求民众在公共场合佩戴口罩等积极措施，在较短的时间内有效地控制了疫情的蔓延。但部分西方主流媒体采取歪曲报道的方式，极力在全世界营造中国应对不力、措施不当的国家形象，并以"剥夺民众自由""侵犯国民人权"的标签在国际上污名化中国政府。西方媒体这种刻板性的报道，既体现了其一以贯之的意识形态斗争策略，同时也体现了其固有的种族主义视角。西方媒体很多关于中国的令人不可思议的新闻报道，正是在这副隐形的种族主义眼镜之下得以生成。这种看似是单纯意识形态导向的新闻报道，其背后同样隐藏着大量的种族主义想象与种族歧视表达，极易催生西方民众针对特定国家与特定族群的恶感。

第三种是政治操弄性种族歧视与仇外主义，主要出自一些西方政客之口。在中国政府举全国之力抗击新冠肺炎疫情之时，一些西方国家采取隔岸观火的观望姿态，错过了中国积极防控疫情而给世界争取的窗口时机。当新冠肺炎疫情开始在这些国家蔓延之时，面对国民的愤怒和指责，不少政客采取"甩锅"招式，通过激烈指责中国来转移国民的注意力，推卸自己的责任。其中最为恶劣的是以总统和国务卿为首的美国官员采用"中国病毒""武汉病毒"这种带有地域指称性而非国际公认的名称来指代新型冠状病毒。正如特别报告员滕达伊·阿丘梅所言："那些试图将新型冠状病毒归咎于特定国家或族裔的领导人正是那些奉行民族主义和民粹主义、将带有种族主义和仇外心理的花言巧语作为其政治平台核心的领导人。""这种蓄意使用地名来称呼病毒的行为，其根源是种族主义和仇外心理，同时也助长了这些心理。""针对新冠肺炎疫情暴发做出玷污、排斥并使特定人群更容易遭受暴力的政治回应是不能宽恕且不合情理的，违背了各国的国际人权法义务。"追随这股种族主义浪潮，一些西方政客在打"中国牌"时变本加厉，甚至提出要求中国道歉、赔偿之类的荒谬言论，突破了国际政治的底线。

以上三种类型的种族主义与仇外主义之间相互影响、相互强化，弥漫在部分西方国家的政治领域、大众传媒和社会大众之中。简单总结，全球疫情防控过程中出现的种族主义、仇外主义至少会造成三方面的不利后果。一是破坏了全球合作对抗疫情的团结氛围。病毒不分种族、疫情没有国界，全人类团结起来才有可能有效应对新冠肺炎疫情。而当前猖獗的种族主义、仇外主义言行，破坏了这种团结合作的局面，延缓了动员全球资源应对病毒的努力，最终会使得世界各国付出更加惨重的健康和生命代价。二是恶化了部分族裔成员的生活和生计。随着将新型冠状病毒与中国进行恶意关联言论的传播，华裔甚至是整个东亚族裔都面临着现实的或潜在的种族歧视与社会排斥。特别报告员滕达伊·阿丘梅指出："在过去两个月，那些被认为是中国人或其他东亚血统的人士遭受了与该病毒有关的种族主义和仇外心理的攻击。这些攻击包括：恶意诽谤、拒绝提供服务，以及野蛮的暴力行为。"特别报告员费尔南·德瓦雷纳指出："针对华裔和其他少数群体在言语和身体上虐待行为的激增，其中一些人甚至被拒绝获得医疗服务和疫情信息。"三是进一步强化了种族主义和仇外主义的存在。历史告诉我们，每当有大的疫情流行，都会导致全球性种族主义和仇外主义情绪的上升。当疫情的阴霾散去之后，种族歧视的阴霾却很难随之消散。它隐藏在人们的心中，在施害者心里转化为种族主义的种子和营养，在受害者心里转化为伤痛与仇恨。这些因素最终可能酿成对人类社会产生巨大冲击的负能量，或催生逆全球化的进程，或导致种族关系的恶化。

　　新冠肺炎疫情是全人类面临的共同挑战，需要国际社会通力合作、携手应对。习近平总书记在二十国集团领导人特别峰会上发言指出："国际社会最需要的是坚定信心、齐心协力、团结应对，全面加强国际合作，凝聚起战胜疫情强大合力，携手赢得这场人类同重大传染性疾病的斗争。"基于人类命运共同体的基本理念，中国在当前取得国内抗击新冠肺炎疫情阶段性胜利的基础上，积极援助世界各国。中国已宣布对 83 个国家以及世界卫生组织、非盟等国际组织提供紧急援助，包括检测试剂、口罩等医疗物资；中国国家卫生健康委员会汇编了最新的诊疗方案、防控方案等一整套技术文件，及时分享给了全球 180 个国家、10 多个国际和地区组织，助力维护全球卫生安全；中国已向伊朗、伊拉克、意大利、塞尔维亚和柬埔寨等国家派出多批医疗专家组，同时正在筹备向其他受疫情影响的国家派遣专家组。此次新冠肺炎疫情的全球大流行真切地提醒我们，人类的命运息息相关，各国的福祉相互依存。在面临全球公共卫生危机之时，民间衍生的种族歧视与排外主义固然需要重视，但政治操弄的种族歧视与排外主义更值得警惕。当世界各国人民站立在一起，以人类命运共同体的姿态携手对抗"新型病毒"之时，同时必须对抗的还有种族主义、仇外主义这个驱之不散的"老牌病毒"。

警惕种族主义这种 "政治病毒"

毛俊响[*]

（《人民日报》　2020 年 4 月 1 日）

新冠肺炎正在全球多点暴发，人类面临严重的全球公共卫生治理危机。根据世界卫生组织提供的数据，截至 3 月 31 日，全球确诊病例累计达 719700 人，33673 人死亡，涉及 203 个国家和地区。正当国际社会积极开展国际合作，共同抗疫以保障每个人的健康权、生命权时，另一人权问题却又幽灵一般地出现，那就是种族主义。

如果说新冠病毒只是危害生命健康的有形病毒的话，那么种族主义则是破坏世界和谐的无形病毒。正如在人的身体抵抗力较弱的时候新冠病毒 "乘虚而入" 一样，在国际社会面临重大突发公共卫生事件时，种族主义 "乘乱而起"。过去一段时间以来，一些亚裔人士遭受了与该病毒有关的种族主义和仇外心理的攻击。这些攻击包括恶意诽谤、拒绝提供服务以及野蛮的暴力行为。例如，在中国人民抗击新冠肺炎疫情的关键时期，丹麦个别媒体却刊登 "辱华" 漫画，两家澳大利亚媒体将新冠病毒与中国直接联系并大肆渲染恐惧，一些国家还发生了针对华侨华人乃至亚裔的极端举动……当新冠肺炎疫情在世界各地多点暴发时，个别国家的一些政客却将病毒同特定国家和地区相联系，发表污名化中国的言论。

国际社会对新冠肺炎疫情中出现的种族主义保持高度警惕。3 月 19 日，

---

[*]　作者毛俊响系中南大学人权研究中心执行主任、教授。

世卫组织卫生紧急项目负责人迈克尔·瑞安强调："我们现在要确认所需要做的事情，避免将病毒同种族或其他领域相联系的表达。" 3 月 21 日，联合国当代形式种族主义、种族歧视、仇外心理和相关不容忍现象特别报告员滕达伊·阿丘梅表示："这种蓄意使用地名来称呼病毒的行为，其根源是种族主义和仇外心理，同时也助长了这些心理。"阿丘梅进一步指出，那些试图将新冠肺炎归咎于特定国家或族裔的人正是那些奉行民族主义和民粹主义、将带有种族主义和仇外心理的花言巧语作为其政治舞台核心的人。3 月 24 日，联合国十个人权条约机构主席联合呼吁"各国必须采取积极步骤，包括防范种族主义、仇外心理、避免放任民族主义情绪高涨，以确保团结意识占据主导地位"。对于种族主义言论，西方人自己都看不过去了。美国疾病控制和预防中心主任罗伯特·雷德菲尔德对污名化中国的行径表示谴责。他说，这是"绝对错误和不适当的"，将会造成种族主义倾向。美国加州民主党议员刘云平直接指出，污名化中国的做法使得亚裔美国人遭受极大种族歧视。

对于种族主义，人类是有过惨痛教训的。第二次世界大战暴发的一个重要原因就是种族主义思想在一些国家和地区盛行。种族主义通过宣扬"血统高贵论""民族优越论"，煽动排外乃至仇外情绪，最终发动战争。种族主义和排外心理的极端后果之一，就是二战期间发生的种族屠杀和种族灭绝等惨绝人寰的悲剧。正是基于对二战期间种族灭绝行为的深刻反思，联合国大会 1948 年通过了《防止及惩治灭绝种族罪公约》，强调种族灭绝是一种国际法上的罪行。为进一步铲除种族主义的各种表现形式，1960 年 12 月 12 日联合国大会通过 1510（XV）号决议，谴责一切形式的种族、宗教和民族仇恨与行为。1965 年 12 月 21 日联合国大会 2106（XX）号决议通过《消除一切形式种族歧视国际公约》，该公约第四条明确要求各缔约国"应宣告凡传播以种族优越或仇恨为根据的思想，煽动种族歧视，对任何种族或属于另一肤色或人种的人群实施强暴行为或煽动此种行为，以及对种族主义者的活动给予任何协助者，包括筹供经费在内，概为犯罪行为，依法惩处"。时至今日，在国际社会，宣扬种族主义的言论都被视为是违反基本人权。

也许，在某些自诩言论自由高于一切的人看来，宣扬种族主义属于言论自由的范畴，应该被容忍。个别国家在批准《消除一切形式种族歧视国际公约》时对公约第四条做出保留，排除公约关于禁止种族主义言论的义务。确实，言论自由是现代民主社会的重要基石，也是一项基本人权。但是，禁止宣扬种族主义和保障言论自由之间果真不能兼顾么？当两种权利出现张力时，就需要借助社会基本价值来加以协调。禁止种族主义对应于全人类共同利益和人性尊严，应该处于更加重要的价值位阶。1993年，联合国消除种族歧视委员会第四十二届会议针对公约第四条通过了第十五号一般性意见。该一般性意见认为："禁止传播以种族优越或仇恨为根据的一切思想同舆论自由和言论自由的权利是相容的……第四条的内容说明了这项权利的重要性。公民行使这项权利就是履行《世界人权宣言》第二十九条第二款具体规定的各项特别义务和责任，其中特别重要的是，有义务不传播种族主义思想。此外，委员会还想提请缔约国注意《公民权利和政治权利国际公约》第二十条，其中规定任何基于民族、种族或宗教仇恨而鼓动歧视、敌视或暴力的宣传均为法律所禁止。"

既然禁止种族主义是一种国际共识和社会常识，为什么还有个别国家的政客"明知故犯"呢？这应该是"政治病毒"在作祟了。正如联合国少数民族问题特别报告员费尔南德·瓦雷纳所说的，新冠肺炎不仅仅是一个健康问题，还可能成为一种加剧仇外、排外和仇恨情绪的病毒。新冠病毒不分国界、不论种族，但是种族主义"政治病毒"则带有严重的政治对抗性和意识形态偏见。本来全球合作抗击新冠肺炎疫情，是保障健康权和生命权的至正至善之举，但是个别媒体、个别政客在没有任何事实根据的情况下，企图让中国背上制造疫情灾害的黑锅，真是别有用心。他们无视中国人民为抗击疫情付出的巨大贡献，反而往中国人民身上"泼脏水"；他们不去反思本国疫情蔓延的深刻教训，却一厢情愿地搜集中国"黑材料"。种种行为，既是隐藏在人性阴暗角落的种族主义意识暴露出来的结果，也是当前人权政治化盛行的表现。抹黑中国的"政治病毒"，除了制造谣言、偏见、对立，破坏共同抗疫的国际团结之外，别无他用。

3月26日，二十国集团领导人应对新冠肺炎特别峰会召开。习近平主席结合中国抗击疫情实践经验，就加强疫情防控国际合作、稳定世界经济提出了一系列重要主张，发挥了重要引领作用。峰会发表了《二十国集团领导人应对新冠肺炎特别峰会声明》，强调病毒无国界，需要本着团结精神，采取透明、有力、协调、大规模、基于科学的全球行动以抗击疫情。何为人间正道？此中真意，不言自明。

"疫情歧视"是对人权的无情挑战

汪习根[*]

（《人民日报》 2020年2月18日）

突如其来的新型冠状病毒威胁着人们的生命和健康。中国针对疫情采取强有力措施，不仅是在对本国人民健康负责，也是在为世界公共卫生事业作贡献。世界各国人民以不同方式表达了对中国人民的无私援助和关心。然而，某些国家出现了针对中国和华人的侮辱、歧视性言行乃至做出过激反应。对这些恶劣行为，有的甚至以所谓言论自由加以粉饰。

那么，这究竟是言论自由，还是打着自由的幌子侵犯人权？透过现象看本质，其危害在于，这些言行远远超出了基于恐慌而采取防范措施的正常范围，其实质是种族歧视在疫情中的蔓延，构成了一种新的歧视——"疫情歧视"，正颠覆着平等、不歧视的人权价值观，挑战着国际人权法律原则。

基于新冠肺炎疫情，利用媒体或采取其他方式宣扬、激起对中国人的不满与歧视情绪，构成《世界人权宣言》第七条所确定的煽动歧视行为；实施针对中国或华人的谩骂、侮辱甚至暴力攻击行为，更是直接构成违反平等和不歧视法律规定的行为。

面对疫情，中国采取了最为迅速、超出《国际卫生条例》设定标准的严格应对措施，正如世界卫生组织总干事谭德塞所言，中国值得感激和尊重。在此等情形下，任何火上添油、落井下石的做法，显然与国际人权法的精神

---

* 作者汪习根系华中科技大学法学院院长、人权法律研究院院长。

格格不入。

《国际卫生条例》第三条规定，应充分尊重人的尊严、人权和基本自由。

平等是人权的核心要义，歧视则是人权的公敌。反对歧视，是以《联合国宪章》为核心的国际人权法治体系的基本准则。无论基于国籍、种族，抑或基于特定人群的歧视，一律为国际人权法所严禁。《联合国宪章》强调"不分种族、性别、语言或宗教，增进并激励对于全体人类之人权及基本自由之尊重"。1966年《经济、社会和文化权利国际公约》第二条规定"本公约所宣布的权利应予普遍行使，而不得有例如种族、肤色、性别、语言、宗教、政治或其他见解、国籍或社会出身、财产、出生或其他身份等任何区分。"为了彰显反歧视对全人类的特别意义，国际社会通过了专门反歧视的国际人权公约，例如1948年《防止及惩治灭绝种族罪公约》、1958年《就业和职业歧视公约》、1960年《反对教育歧视公约》、1965年《消除一切形式种族歧视国际公约》和1979年《消除对妇女一切形式歧视公约》等。不仅如此，1950年《欧洲人权公约》、1969年《美洲人权公约》、1981年《非洲人权和民族权宪章》等区域性人权公约也都规定了非歧视原则。平等和非歧视原则是贯穿于整个国际人权法律文件的一条红线。

诚然，当自然、社会风险或危机严重威胁到人类的生命安全和身体健康时，为了应对危机，有必要采取特定的防范与限制措施，减少自身的义务，强化权利的特殊保护，这就是国际人权法所指的义务克减措施。但是，无论情况如何紧急，采取的克减措施都不是没有边界的，应当严格限定在紧急避险所必要的限度之内，不得越界。这个界限的关节点就是不得歧视。对此，《公民权利和政治权利国际公约》第四条规定"在社会紧急状态威胁到国家的生命并经正式宣布时，本公约缔约国得采取措施克减其在本公约下所承担的义务，但克减的程度以紧急情势所严格需要者为限，此等措施并不得与它根据国际法所负有的其他义务相矛盾，且不得包含纯粹基于种族、肤色、性别、语言、宗教或社会出身的理由的歧视。"可见，克减措施应当严格限制在三个条件之下：一是必须发生了紧急情况，而且其严峻程度足以威胁到生命。二是克减的程度以紧急情势所严格需要者为限，即严格限定在应对危机所必不可少的范围之内。三是遵循非歧视原则。在任何情况下，不得进行种族、肤色等方面的歧视。以上三者缺一不可，只有同时具备，才能进行克减。采取针对"中国""中国人"的侮辱、歧视言行，显然已经完全背离了国际人权法所设定的紧急情况下义务克减措施的精神，绝不是什么正当的应急措施或一般恐慌心理的外在表达，而是刻意贬损人格、违反尊重人格尊严之国际法精神的歧视行为。

尽管在程序上国家的条约义务并不一定当然直接及于其公民，但是作为人类大家庭中的一员，难道就可以无视国际人权法的精神，实施"疫情歧视"吗？而对于可以直接在国内适用国际人权法的国家的公民而言，就更应当受到约束。

应当回到理性与良知的正确轨道，把应对疫情扩散采取的正当隔离措施与指责侮辱区别开来，把担心与人身攻击区别开来，坚持把中国和世界各国人民生命安全和身体健康放在第一位，尊重人权，唾弃歧视，以人类命运共同体之精神，携手共进，打赢疫情防控阻击战。

反"污名化"与人权文化的重建

齐延平 曹晟旻 *

（《人权》杂志 2020 年第 3 期）

　　人权文化是现代工业文明的结晶，是二战以来人类弥足珍贵的财富，是世界和平、进步、繁荣的结果，也是人类继续前行的基础。近些年，种族主义、民粹主义、排外主义沉渣泛起，构成对人权文化的极大伤害。突如其来的新冠疫情全球肆虐，五大洲命运与共的人们，都在尽己所能，守望相助，共克时艰。置生死于度外的专业人士逆行而上，与病毒展开生命争夺战；名不见经传的无数小人物，或为抗疫需要或为家庭生计，穿梭险境，提供后援支持，都情动山河，感人肺腑。但与这幅画面极不协调的是，少数政客无视人类生命尊严，恣意践踏人类良知，为了政治利益不时发表污名化言论，撕裂抗疫共同体，更有甚者刻意将新冠病毒与特定族群或地区关联起来，散布谣言，制造仇恨。这类行为既是对人的价值的否定，也是对人性尊严的侵犯，更是对人权文化的玷污。这再次证明人类最大的敌人是自己，比新冠病毒传染性更强、危害更大的是政治病毒。打赢这场抗疫战，需要争执者暂弃偏见、对抗者暂熄怒火、对垒者暂停争斗，更需要秉持尊重生命和命运与共意识；实现后疫情时代世界的和平与安全，需要人们不断反思人的价值与尊严，并在反思基础上重建人权文化。

---

* 作者齐延平系北京理工大学科技与人权研究中心主任、法学院教授、博士生导师；作者曹晟旻系中国海洋大学马克思主义学院讲师、法学博士后科研流动站研究人员。

一、"污名化"玷污人权文化

历史已经证明并将继续证明，污名化往往是部族仇杀、宗教迫害、侵略战争乃至世间一切灾难与不义行动的舆论先声，人类历经的惨不堪言之灾难多发端于污名化。自视高人一等者，以自我为中心，以种族优劣论或其他歪理邪说为根据，对其他民族、种族、国家或各种亚文化群体予以"标签化""污名化""低等化"对待，是国际人权法禁止的歧视与仇恨行为滋生的历史文化土壤。这一历史源远流长且根深蒂固，且很多时候是政治团体有预谋、有组织、有计划实施的，借此为恃强凌弱、侵略殖民乃至种族灭绝渲染不义舆论氛围，建构卑劣行动基础。不用遥想久远的野蛮时代，近百年来的人类历史就曾有过最黑暗、最悲惨的一页。20世纪上半叶，地球大半处于被殖民、被奴役之中，在不到30年的时间里两度经历惨不堪言之战祸。纳粹分子对犹太民族实行惨绝人寰的灭绝，日本军国主义制造南京大屠杀，澳大利亚黑暗的"改造土著儿童"计划一直执行到20世纪70年代。时至今日，非洲深处的部族屠戮仍时有发生。人类历史上的丑恶，离我们今天竟然如此之近，而这些丑陋恶行的发生都是以污名化为开端的。为了消灭犹太民族，纳粹分子编造了"雅利安人优等论"，为了排华、瓜分东方，西方国家制造了"黄祸论"，为了殖民和奴隶贸易，侵略者和贩奴者制造了"黑人极端劣等论"，各类污名不一而足。

值得警惕的是，类似上述散发着无知、野蛮、血腥的污名化论调，在今天并没有彻底根除，而是变得更加隐蔽了，只要有了时机和机缘，又会甚嚣尘上。新冠疫情肆虐期间的污名化言行不单是可耻的、不道德的，同时也是对战后文明成果的嘲弄、蔑视和讽刺，对共生共荣的人类大家庭而言是极其有害、危险的。更为严重的是，"'污名化'造成的无形成本会在疫情得到控制后逐渐显现，可能会导致人员失业、企业倒闭、经济滑坡，并加大社会维稳成本"。[1]在人类历史上，传染性疾病引发的污名化怪象层出不穷，鼠疫在《伊利亚特》《俄狄浦斯王》《十日谈》中被视为上天降罪的工具，19

---

[1]陈振明："'正理平治'：疫情防控的法治逻辑——从'扩大化''污名化''去隐私化'现象说起"，《人民论坛》2020年第5期，第48—49页。

世纪 30 年代的英国曾把霍乱和人格心理加以联系，将其说成对沦落者、放纵者和肮脏者的诅咒与报应，而麻风病则异化为道德败坏和腐化堕落的象征，艾滋病更是背负着犯罪感和羞耻感，代表着身体与道德的不洁。这些使人深切体会到，比疾病更需克服和战胜的是污名化背后的文化病毒，因为其不良后果将酿造更惨痛的人间悲剧。

污名化是对他者人之尊严与价值的否定，通过给他者贴标签使其遭受排斥、歧视等待遇。"作为一种具有贬抑性的身份象征，污名的创造与运用具有强烈的价值色彩，其使某个或某类社会成员成为特定社会中的受排斥、遭压抑的对象。"[2] 根据不同的分类标准，可对污名化作出多种划分。从施污身份的角度，污名化可被分为他者污名化、自我污名化和媒介污名化。其中，他者污名化是指其他主体作为施污者对受污者的污名，自我污名化是指受污者自身内化的污名，媒介污名化是指社会媒介对受污者的污名，其彼此间并非独立或割裂，而是有密切联系。他者污名化习惯于经由媒介污名化发挥效用，而这两者均有较大可能成为自我污名化产生的诱因或来由，甚至绝大多数自我污名化源于对他者污名化和媒介污名化的认同。如农民工、抑郁症病人的自我污名化在很大程度上是由城市居民、身心健康者的消极评价所致。由此可见，他者污名化、媒介污名化具有更深层的消极作用，解决自我污名化问题必然要从根本上消除他者污名化和媒介污名化。从主体范围的角度，污名化可被分为国家间的污名化、国内地区间的污名化、族裔间的污名化以及个体或组织间的污名化，等等。任何污名化都会塑造、加剧主体间关系的不平等性，并强化施污者的话语权，但不同污名化针对的关系类型存在差异。其中，国家间的污名化涉及国际关系，国内地区间的污名化影响地域关系，族裔间的污名化触及种族关系，个体或组织间的污名化指向社会关系。其中，国家间污名化无非是"一国作为全球范围的'个体'存在，在他国的强势话语之下被塑造出'污名化'的话语表征"。[3] 例如，美国政府故意将新冠

---

[2] 任重远："污名的道德解析"，《伦理学研究》2016 年第 4 期，第 132 页。
[3] 孙宝国、沈悦："以'污名'为视角探究中国形象的生成与传播机制——兼论'中国威胁论'与'中国梦'的话语博弈"，《东岳论丛》2019 年第 8 期，第 140 页。

疫情政治化，在缺乏科学证据的情况下指责中国隐匿信息、混淆视听，这显然属于国家间的污名化，其较之于其他污名化所波及的范围更加广泛、造就的影响更加深远。与其不同，个别单位拒绝湖北籍人员复工复产属于个体或组织间的污名化，如果该举动扩大为整个地区的普遍做法，则演变为国内地区间的污名化，其危害程度便会随之加重。此外，从表现方式的角度，污名化还可被分为显性污名化和隐性污名化，这两种污名化之间可以相互转化。但不论是何种污名化，其都将造成危险的破坏效应，而这必须引起人们的高度警觉。

污名化现象具有快速蔓延和破坏力倍增效应。基于对人进行差等优劣好坏划分的污名化破坏文明的思想和文化根基，进而形成对社会赖以存在的基本公平正义观念、伦理道德规范、政治法律构造的颠覆性破坏。污名化一旦成为一种认知，基于社会认知心理上的"从众"规律，一方面会使得污名制造者所在群体的他者迫于压力会强化此种认知，由于自己身处自认的优势群体之中，进而会逐渐丧失道德的敏感性和可能的罪恶感，最终会彻底同化为污名化的赞同者、倡导者、推动者。对"灭犹"纳粹暴行的大量社会学研究，就证明了此种可怕的"集体无道德负罪感"现象的生成过程；另一方面，污名化进程一旦在社会和人群中启动，被污名化者基于"从众"规律和认知的不断强化记忆，也会逐渐丧失应有的理性思考能力，记忆与认知基本结构在无声无息中同样会被颠覆性改造。历史上不断呈现的被奴役者、被压迫者、被污名化者表现出的"集体无意识"现象就是证明，尤其是污名化是作为一场社会行动被强势者借助国家机器推行的时候，甘愿、自愿、情愿被污名化现象就会在被污名化群体中快速蔓延开来，甚至其中的少数不愿被污名化者会成为本群体的异见者、另类者，遭到打压排挤。污名化者和被污名化者两股力量相促相进，污名之深度、烈度、强度会不断倍增。

在现代发达的交通通讯技术支持下，污名化行进之迅速又非同寻常，其危害更是今非昔比。"必须承认，污名现象本身的复杂性是造成当下污名理论与实践困境的根本原因。污名现象涉及躯体、心理、情感、认知、价值、制度诸多层面，与此相对应的，污名研究及其实践也有待于个体、社会、文化等多元视角的整合以及跨学科的协作。"[4]在疫情期间，对特定国家、特定地区和特定群体污名化在网路空间中表现出了远超病毒的繁殖能力、传播能力和暴发能力，实令人惊悚不已，虽然由这波污名化所引发、在世界各地发生的仇恨歧视、暴力侵犯案件是零星的、个案的和非规模化的。这也就是说，从显见层面看，这场污名化导致的直接的、暴力的危害可能不算大，但潜在的、长远的危害却是难以估量的。尤其值得思考的是，其潜在的、长远的危害不仅会使得被污名化者面临被歧视仇恨和暴力侵犯风险加剧，它同时也构成对看似强大的污名化者自身构成道德风险和信用伤害。

二、人权文化是抵御灾难的终极力量

人权文化是人类携手战胜疾病、战争、恐怖主义等灾难可以凭借的最终力量。面对新冠肺炎疫情全球蔓延，公共卫生治理遇到严峻挑战，如何最大限度保障人的生命安全、身体健康等权利，事关人权保护的重要命题。这种对人之境遇的关切早已超越国界疆域，凝聚着国际社会共同应对难题的强大合力。在此过程中，人权文化发挥着不可替代的引领作用，保障基本人权是取得抗疫胜利的关键。究其原因，人权文化以"共同善"的理念为根基，自始就已得到正当性检验，并蕴含关乎道德伦理的深厚内涵。人权的工具性价值意味着，抗击疫情需要人权文化的力量支撑；人权的目的性价值决定着，抗击疫情的过程就是人权保障的过程。对于抗击疫情来说，人权文化既是出发点、又是落脚点，其始终呈现出善恶有别的鲜明姿态，保持着自身对正确价值观念的贯彻与坚守。

从人类发展历史来看，人权价值的确立是循序渐进、曲折前进的。文艺复兴将"人"的地位提升到了"主体"的高度，启蒙运动将"人的自由与权利"提升到了"目的"的高度，上世纪两次惨不堪言之战祸则将"人权"淬炼锻造成了现代文明的基石。在人类久远的追求和平的历史上，战争一直是解决冲突的主要手段与工具，近乎每一幅历史画卷都是在战争的铁砧上锤出来的。

---

[4]郭金华："污名研究：概念、理论和模型的演进"，《学海》2015年第2期，第108页。

两度战祸和法西斯暴行玷污人类良知，使得人们认识到通过战争消灭他者、求得自存是不可能的，并认为基于对人的价值、尊严和人权的无视、污蔑是野蛮暴行的基础，因而需要为国家之间、民族种族之间、人与人之间确立新的伦理法则，那就是将世界自由、正义与和平的基础建立于人的固有尊严和不移权利之上，以建立一个免于恐惧的和平世界。

身处文明世界的人们坚信其所宣扬的原则将把人类引向光明，这些原则是人人生而自由，在尊严和权利上一律平等；人人赋有理性和良心，并应以兄弟关系的精神相对待；基本人权、人格尊严和价值理应受到尊重，人人不分种族、肤色、语言、国籍等因素理应受到平等对待且免于一切形式的歧视。一个免于恐惧的世界的维护，需要对上述原则的不断追忆、不断强化、不断传播，否则沉默的大多数就会成为强势者污名化的牺牲品。"这个世界之所以对人类有意义，就是因为每个人在这个世界中都想实现自身价值，并竭力主张人之为人的权利（即人权）。基于人的价值而形成的人权为每个人提供了生存与发展的内容，基于人权而主张的价值（即人权价值）为每个人提供了确证自身价值的方向，离开人权价值的实现就无法理解人类的生活世界。"[5]虽然，善良的人们一直坚信正义终将战胜邪恶，但邪恶却往往很容易被正义所包装。这个世界的一个最大悖论是站在道德制高点的人往往是道德的最大破坏者。国际人权宪章是西方国家主导建立的，但在现实的世界中，对他国人民的人权而言，它们却往往是最大的破坏者、践踏者、凌辱者。其根源就在于其人权标准的双重性，而人权标准的双重性则根源于阴魂不散的种族主义和民族与文化的优劣论。所以，对基于种族主义的、民族与文化优劣论的污名化、标签化，必须时刻保持警惕。

长期以来，国际社会始终面临战争、犯罪、疾病等安全威胁。威胁会导致恐惧心理，恐惧会限制自由实现。只有在和平安全的条件下，才能使个人被赋予更多的权利和自由。避免陷入恐惧、维护和平安全，既是世界人民的共同理想，也是人权保障的现实目标。战争对人类文明的戕害和社会经济的

---

［5］任帅军、肖巍："论人权价值实现的双重意蕴"，《中南大学学报》2016年第4期，第116页。

破坏已被历史反复证明，没有和平安全的国际环境，不但新的发展无法推进，以往的建设成果也会因战乱而毁灭，人权遭到践踏和侵犯更是在所难免。和平安全与人权文化紧密相连，不重视人权文化对共同价值的塑造、对人性尊严的关怀，就无和平安全可言。半个多世纪以来，在《世界人权宣言》的有力推动和国际社会的共同努力下，近百个国家挣脱殖民枷锁获得独立，统治世界长达数个世纪之久的殖民体系土崩瓦解，为世界各国人民的权利保障开辟出广阔前景。两次世界大战的深刻教训与惨痛浩劫早已告诫人们，缺少基于现代文明培育的人权文化为指引，就没有国际社会的持久和平与安全稳定，更谈不上全人类的繁荣富强与全面发展。

近年来，世界多极化和经济全球化的趋势日益明显，但局部动荡、武装冲突等传统安全问题依然存在，恐怖主义、环境污染、疾病扩散、非法移民等非传统安全问题愈发突出。尤其是在新冠疫情防控中，想要战胜病毒这个人类公敌，唯有各国同舟共济、共克时艰，携手维护全球公共卫生安全，而不是想尽办法抹黑、攻击、打压他国，借"中国病毒""武汉肺炎"等歧视性表述从事污名化活动。"如果说法律上的歧视可以通过制定和执行有关的立法立即消除，而事实上的歧视源于社会人群中固有的偏见以及物质财富的不均衡，则需要一个更长期的教育和社会经济发展的过程。"[6]歧视既发于个人的行为和态度，还产生于现实的社会结构当中。对此，显而易见的是，"人权的认可和保护对于世界和平的积极作用已是共识性的。随着国际化程度的日益提高，人权已经成为打开国门、跨越国界的世界性权利"。[7]人权是世界性权利，人权文化是全球性文化，其对于世界和平安全具有促进作用已成共识。反言之，漠视人权文化是破坏和平安全的根源，对人权文化的污蔑和轻视终将演变为野蛮暴行，既玷污良心，又制造恐惧。当前国际社会暴露出的和平与安全问题，在本质上可被归为人权问题，其通常伴随着对基本权利的野蛮侵犯，在根源上则暗含着对人权文化的曲解和误读。因此，有力

---

[6] 李薇薇："论国际人权法中的平等与不歧视"，《环球法律评论》2004年第2期，第232页。

[7] 雷婉璐、彭巍："人权基础上的和平——第28届IVR世界大会述评"，《法制与社会发展》2018年第2期，第224页。

维护世界的和平与安全，要从尊重和保障人权的高度入手，要从宣扬和倡导人权文化的立场出发，以人权保护的方式来防范、化解矛盾纠纷，努力打造和平安全的国际环境。

不仅如此，人权文化还是当前疫后重建的方向指引，认真总结吸取此次防疫中的经验与教训，对于灾后重建十分必要。抗疫对人权保障的挑战无疑是艰巨的，既要完善各项人权保障的协调机制，在将人民的生命权和健康权置于首位的同时，保证对其他人权的制约处于合理限度内，还要对人权与公共利益做到统筹兼顾，以防因公众不满致使次生灾害发生。在后疫情时期，人权保障工作则要做出及时调整，在保护生命权、健康权、安全权之际，还要有意识地向劳动权、受教育权、自由权等有所倾斜，其原理在于不同时空条件下各项权利的实现顺序是有差异的，这离不开人权文化的正确引领。

在疫情结束之后，原有人权克减状态逐渐结束，对劳动权、受教育权、自由权等的保护开始恢复正常。人权文化指引疫后重建所体现出的价值转向受制于既定的社会条件，人权保障从来都不是天经地义的，而是有其客观依据和实际要求，因为人权文化始终植根于具体的、现实的社会情境之中。就疫后重建而言，经济复苏固然迫在眉睫，但文化重建、信心重树同样不可或缺，而人权文化在其间扮演着关键角色。对于民众来说，将美好生活付诸实现乃是最大的人权，"美好生活权是统领性的、概括性概念，安全人权、环境人权、数字人权则构成新时代人权体系的主要标志"。[8]但不管怎样，这要求人权文化既包含着对生命的尊重和敬畏，还反映出对平等公正的不懈追求，更展现有对民生工程的统筹安排。经历这场疫情大考，人权文化将在艰难锤炼中接受检验、持续升华，带领人们通过疫后重建走出困境，在未来彰显出更大的生机与活力。

三、厚植人权文化以去污名化土壤

回顾世界历史发展历程，人类社会每次遭遇战乱动荡或疾病侵害时，不免会有某些人出于政治目的诉诸歧视、仇恨言论，或煽动种族主义、仇恨排

---

[8] 张文显："新时代的人权法理"，《人权》2019年第3期，第18页。

外等情绪，此次新冠疫情也不例外。有的西方政客妄称中国抗疫举措侵犯人权，恶意将新冠病毒与中国相关联，使海内外中国人被迫遭受各种形式的社会排斥。毋庸置疑，这些污名化言行造成的影响极为恶劣，严重违背国际人权公约的精神要求，国际社会需及时联手并坚决抵制，避免加剧国家和地区间的分裂。新冠病毒的肆意传播早已导致人的境遇趋于凶险，切勿再让污名化的变本加厉使之更加恶化。人权文化倡导人格尊严、自由平等、生命健康等基本权利保护，反对以任何名义实施污名化，而维护厚植人权文化则要从这些方面着手努力。

在用人权话语构筑的制度体系中，对人格尊严的保护贯穿始终。因此，维护厚植人权文化要以重申人格尊严保护为出发点加以落实。人格尊严保护乃现代法治理念的核心要义，但其被写入法律规范和制度文件仅百年时间。人权发展历史表明，人格尊严本身早已挣脱神学的束缚和羁绊，而着重强化人的主观意识和自由理性，"在人格尊严这一概念中的"格"无非也是强调享有'主体性和尊严普遍性'之'格'"。[9]因此，不管对人格尊严持有何种反思或批判，可以肯定的是其终究占据着不可侵犯的至高地位。与此同时，人权文化与人格尊严是密不可分的，人格尊严保护生发于人权文化之中，而人权文化又以人格尊严保护为要旨。人格尊严保护构成人权文化的确定性理由，人权文化则提供人格尊严保护的思想性给养。任何时期的人权文化都不能有人格尊严缺位的情况发生，而人格尊严更是后续其他基本人权衍生的根源所在，其他基本人权都是对人格尊严的具体细化。甚至可以说，整个人权文化演进史正是围绕人格尊严这个主题铺陈叙事的，所谓人权实为生活在现代社会中的每个人基于人格尊严而拥有的普遍性权利。

在人权实践中，有关生命权、健康权和安全权之保障将对人的关切作为价值导向和行动指南，在本质上则是对个人生来就享有人格尊严的积极承认。人格尊严关系到人权保障的正当论证，引领着人权保障的演化方向。反复申明人格尊严保障的重要意义，有助于巩固人权保障既已达成的宝贵成果。依

---

[9]齐延平："'人的尊严'是《世界人权宣言》的基础规范"，《现代法学》2018年第5期，第25页。

据对人格尊严保护采取的态度和方式，可以区分不同历史传统和地域范围的人权文化。这里要澄清的是，人权保障从来都不是将抽象的人权思想文化简单地投入到实践运用中，而要紧紧把握人格尊严保护这一根基。否则，人权就会真正沦为人类文明虚构的乌托邦，而人权文化亦会遗憾地被束之高阁。人权摆脱宗教神学的桎梏，是以显扬人格尊严的显著意旨。人格尊严对人权保障的证成性影响是由内而外的，并塑造着人权保障的制度性美德，其对个体的解放使其有能力更好参与公共生活，而不需额外预设其他价值前提。由是观之，侵犯人格尊严就是危害人的价值，也是对人权文化的否定，而将人格尊严保护蕴含的道德考量放在首位，自然是塑造人权文化的题中之意。

　　扭曲的人权文化必定会将社会发展引入歧途，想要以人权文化去除污名化土壤，首要前提便是厘清人权价值的合理意涵。各国有差异，文化呈多元，才有世界的精彩。这个世界之所以多姿多彩，不仅是因为有竞争，更是因为人有悲天悯人之情怀。虽然，当今世界因着发达的交通和网络互联已成为命运共同体，但毕竟主权国家仍是基本的行为单元，各国间政治、经济、科技、军事的竞争势所必然，但竞争必须遵守基本的人类良知和国际法准则底线，因为殷鉴不远的历史证明，经意的和不经意的污名化、仇恨歧视，都可能引爆敌意，使得包括国际法在内的世界"安全阀"体系瞬间失效，使得人类文明重回野蛮。所以，竞争不能是带毒的竞争。这个世界要安全永续前行，竞争之外还需要不断追忆人的价值、尊严与人权，厚植人权之智慧，普及人权之知识，昌明人权之文化，并且应当奉行基于"共同价值"的而非"双重标准"上的人的价值、人的尊严、人的权利理念；唯如此，人类才有能力保持良知的提升、理性的成长和智慧的进步，才有能力安全度过重重艰难和险滩。在人类面临着类似新冠病毒疫情共同灾难时，心怀悯人情怀，方能驱散心魔。孔子曰：己所不欲，勿施于人。污名化我者可谓人神共愤，但此不应成为我对他者污名化的正当理由。黄宗羲也有言：人远悲天悯人之怀；岂为一己之不遇乎！在艰难中前行的中国，深深懂得人类命运与共，真正持久的和平与繁荣有赖于文化德性的彰显。

　　人权文化离不开价值层面的涵养与培育，所以厘清人权价值的合理意涵势在必行，但想要彻底解决污名化问题，最为直接的办法还是要寻求人权制度的切实保护。然而，不管是国际人权公约，还是《世界人权宣言》，都没有专门针对污名化的法律规定。作为区域性国际人权条约的《欧洲人权公约》，也极少被欧洲人权委员会和欧洲人权法院用于解决污名化问题。[10]然则，反污名化有赖于形式意义上的有力推进，尤其是考虑到"二战以后人权的全球化发展很大程度体现在其获得了规范化的存在形式"。[11]因此，建议联合国推动通过《反污名化宣言》，尽最大努力破解不合理的定见、前见和偏见，为所有缔约国及其管辖下的团体、组织和个体提供均等的国家尊严和发展机会。

四、结语

在这场百年不遇之重大灾害来临和应对中，我们已经认识到，今天的世界已经与疫情发生前不一样了，而后疫情世界与当下的世界又将有所不同，许多地方的人们未来的日子可能会十分艰难。但是，我们仍然相信人性的光辉与力量。新冠疫情全球肆虐背景下，基于无知和政治目的的污名化言论，制造仇恨，撕裂抗疫共同体，是对人之尊严与价值、人类良知与正义的践踏，也是对国际正义和国际人权宪章的重大挑战。但是，我们仍然相信人权的力量，人权文化仍然能够统摄现代社会生活诸领域。"基于人权文化而建构的现代秩序不过是历史长河中人类的一种选择，此种秩序选择之所以在现代国家产生了普遍影响力，就是因为其奠基于最低限的道德共识之上，人权的基础性规范，或曰核心原则可以从此道德共识中获得说明。"[12]人权文化是人类携手战胜疾病、战争、恐怖主义等灾难可以凭借的最终力量，取得抗击疫情的早日胜利，实现后疫情世界的和平与安全，需要人们不断反思人之尊严与价值，并在反思基础上重建、厚植人权文化。

---

[10] See Paul Quinn and Paul De Hert, "Self respect—A 'Rawlsian Primary Good' unprotected by the *European Convention on Human Rights* and its lack of a coherent approach to stigmatization?", *International Journal of Discrimination and the Law*, vol. 14, no. 1, 2014, p. 29.

[11] 徐爽："价值与规范：《权利的新生》译读札记"，《政法论坛》2018 年第 5 期，第 146 页。

[12] 齐延平："论中国人权文化的正当性根基"，《法制与社会发展》2018 年第 2 期，第 160 页。

政治自私驱使西方抹黑中国抗疫

李云龙 *

（《环球时报》 2020 年 3 月 21 日）

新冠肺炎疫情暴发以来，中国上下奋力抗疫并取得逆转。但一些戴着反华反共有色眼镜、充满意识形态偏见的西方媒体和政客，不断利用疫情进行种族主义宣传，歪曲和丑化中国抗疫措施，指责中国疫情信息不透明，甚至借此攻击中国政治制度。他们只顾自己的政治利益，毫不关心中国和世界人民的生命安全。

新冠病毒同特定种族无关。病毒现已蔓延至多国，造成广泛的公共卫生危机。但西方一些满脑子种族优越感的人却跳出来，谎称新冠病毒是"中国病毒""武汉病毒"。把疾病和病毒与特定地区或民族联系在一起，根本不符合实际。正如美国疾控中心主任雷德菲尔德所言，"中国病毒"是绝对错误与不合适的说法，因为一种疾病最初在某地或某国出现和流行，下一阶段就会蔓延到其他国家或地方。

以某国某地命名疾病会影响对疾病传播和严重性的理解。这类名称违背国际社会对疾病和致病原的命名原则，带有明显的地域和种族歧视。一些西方媒体和政客执意把病毒与中国绑在一起，暗示病毒来自中国甚至由中国制造，就是为了达到污名化中国的目的。美国《华尔街日报》发表题为"中国是真正的'亚洲病夫'"一文，公然宣扬种族歧视，诋毁中国抗击疫情的努力。

---

* 作者李云龙系中共中央党校（国家行政学院）国际战略研究院教授。

这已触及人类良知的底线。

病毒源自何处属于科学研究问题，目前尚无定论，需要听取专业、科学的意见，决不能借此搞政治污名化。污名化比病毒本身更危险。疫病是人类公敌，病毒没有国界。中国同其他出现疫情的国家一样，都是受害者。西方媒体和政客一再诽谤中国，除了损害全球共同抗击疫情的努力外，没有别的用处。

中国疫情信息公开透明。长期以来，不管发生什么事情，一些西方媒体和政客都指责中国不透明。新冠疫情发生后，这些人又按照以往套路攻击中国。这与事实完全不符。启动疫情防控措施以来，中央和地方卫生部门每天汇总发布全国各省份病例数据，及时发布疫情和防控信息。中国与世卫组织保持密切沟通，第一时间分享新冠病毒全基因序列，并多次召开专家沟通会，与世卫专家深入交流。中国邀请世卫组织专家到武汉等地实地考察，深入了解情况。这些做法得到国际社会普遍肯定。世卫组织总干事谭德塞多次称赞中国在疫情方面"公开、透明、负责任"，为世界做出贡献。

中国竭尽全力捍卫人民生命权和健康权。人权是西方攻击中国的固定角度，在新冠疫情方面也是如此。疫情发生以来，中国各省份迅速建立联防联控机制，按照属地化管理的原则，启动应急响应，加强了城乡疫情防控的网格化管理，落实落细社区防控措施。武汉等疫情严重地区实施封城管理。对这些措施，一些西方媒体和政客大肆攻击，说是限制了个人自由，侵犯隐私权。这些人的偏执和无知令人无语。自由和隐私是人权，难道生命和健康不是更基本、更重要的人权？生命都没有了，哪里还有自由权和隐私权可言？中国采取包括封城在内的防控措施，正是为了维护人权，保护人民生命安全和身体健康。

根据中国与世卫联合专家考察组报告，中国采取的公共卫生应对措施在减缓疫情蔓延、阻断病毒人际传播方面取得明显效果，避免或至少推迟了数十万新冠肺炎病例。坚决和大规模的防控使中国付出经济社会等方面的巨大代价。但为了保护人民群众生命安全，中国甘愿做出这样的经济牺牲。这是中国尊重和保护人权的生动实践。

疫情防控彰显中国制度优势。同西方媒体和政客的攻击谩骂相反，抗击新冠疫情的成绩充分证明中国政治制度的效能。中国疫情防控始终坚持全国一盘棋，发挥集中力量办大事的制度优势。在全国支援下，武汉在很短时间内新建了火神山和雷神山医院，改造和新建 86 家定点医院，16 家方舱医院。278 支国家医疗队共 32395 名医护人员驰援湖北，19 个省份对口支援湖北 16 个地市。中国有效控制住了疫情，疫情防控形势积极向好态势不断拓展。世卫组织总干事谭德塞表示，中方行动速度之快、规模之大，世所罕见，这是中国的制度优势，有关经验值得其他国家借鉴。

中外疫情防控合作展现国际道义。中国的抗疫努力得到国际社会广泛支持。170 多个国家领导人和 40 多个国际和地区组织的负责人向中国表示慰问和支持，联合国、上合组织、金砖国家、东盟、非盟、阿盟、拉共体、七十七国集团等重要国际组织都发表声明支持中国抗疫行动。许多国家和国际组织以及民间团体向中国捐赠医疗物资。中国也以成功的抗疫回报世界，迅速逆转疫情，延缓疫情扩散速度，给其他国家争取了两个多月缓冲时间，显著保护了世界人民的生命安全。世卫组织认为，中国疫情的缓解保护了国际安全，构建起了阻止疫情传播的第一道防线。

中国秉持人类命运共同体理念，同国际社会同舟共济、携手抗疫。在病原体确定后，中国及时向全球分享病毒全基因序列、引物和探针，与全球 100 多个国家、10 多个国际和地区组织分享疫情防控和诊疗方案等多份技术文件。目前中国发布的 7 版新冠肺炎诊疗方案、6 版防控方案都已翻译成多语种同世界各国分享交流。截至目前，中国已向伊朗、伊拉克、意大利等国派遣专家团队，另外承诺采取措施协助西班牙、菲律宾等国抗击疫情。中国政府向世卫组织捐款 2000 万美元，向有关国家捐赠口罩、药品、防护服等防疫物资，向一些国家出口急需的医疗物资和设备。中国地方政府和民间机构也纷纷向其他国家伸出援手，向有需要的国家提供帮助。

防控疫情　保障人权

新冠病毒疫情拷问人类良知

毛俊响 *

（《环球时报》　2020 年 2 月 7 日）

武汉暴发的新型冠状病毒疫情引起国际社会普遍关注。世界卫生组织 1月 30 日宣布这一疫情已经构成"国际关注的突发公共卫生事件"。

连日来，许多国家的领导人和国际组织负责人对中国抗击疫情的斗争表示同情和支持，不少国家和组织慷慨解囊，向中国提供急需的医疗物资等方面支持。但是，个别西方国家的高官和媒体却无视中国全国上下共同抗击疫情的事实，落井下石，不时发表攻击言论，罔顾事实，极不厚道。

大灾大难面前最考验人性，这些国家发生的针对中国人面孔甚至亚洲人面孔的种族歧视、禁入等侵犯人权事件，值得国际社会警惕。

对人类来说，疾病始终如影随形。传染病是人类的大敌，可能降临任何地域、任何民族。在人类历史上，天花、鼠疫、霍乱、麻风、结核、麻疹、狂犬病、疟疾、黄热病等传染病，对人类产生过极大的威胁。仅在 20 世纪，天花就夺去了 3 亿人的生命。1918 年 4 月至 1919 年 5 月暴发的西班牙病毒，导致 2500 万至 4500万人死亡，而整个第一次世界大战的死亡人数是 1600 万人。2009 年 3 月底在墨西哥和美国加利福尼亚州、得克萨斯州暴发的甲型 H1N1 流感，持续了一年多，波及 214 个国家和地区，造成约 28.45 万人死亡。2014 年，埃博拉病毒在短短几个月内蔓延到多个国家，死亡人数超过 7000 人。可以说，传染病造成的死亡

---

* 作者毛俊响系中南大学人权研究中心执行主任、教授。

139

数量，比战争或其他天灾人祸加起来造成的死亡数量总和还要多。

为应对传染病威胁，人类不断改进医药技术、改善公共卫生环境。这既为人类带来了健康保障，也推动了人类科技进步。中国人在 16 世纪就已发明了预防天花的"人痘接种法"。18 世纪末，英国医生爱德华·詹纳研究发现并推广牛痘疫苗，大大遏制了天花病毒的发作并降低了死亡率。1928 年，英国病毒学家亚历山大·弗莱明发明了青霉素，使人类找到了一种具有强大杀菌作用的药物，结束了传染病几乎无法治疗的时代。1972 年，中国科学家屠呦呦成功提取了用于治疗疟疾的青蒿素，挽救了全球特别是发展中国家的数百万人的生命，因此被授予诺贝尔奖。如今，在国际社会共同努力下，一些曾经肆虐人间的传染病已经销声匿迹。例如，1979 年 12 月世界卫生组织宣布天花病毒已经灭绝。

本次新型冠状病毒疫情是传染病袭击人类的又一次例证。面对这一重大突发公共卫生事件，中国共产党领导中国人民打响了疫情防控的人民战争。以习近平同志为核心的党中央高度重视疫情防控和人民群众利益，中央成立应对疫情工作领导小组，建立联防联控机制，各项防控举措正有力有序开展。

全国 31 个省（自治区、直辖市）启动重大突发公共卫生事件一级响应，迅速采取措施，不遗余力调配医疗资源，推动"集中患者、集中专家、集中资源、集中救治"；国家派出工作组指导各地制定完善病例诊治、应急监测、流行病学调查处置、采样检测等技术方案；数千医护人员驰援武汉，口罩、防护服等医疗物资在夜以继日地加班赶制；加强疫情防控权威信息发布和知识普及，加强政策措施宣传解读，增强群众自我防范意识和防护能力；火神山、雷神山两所武汉"小汤山"模式医院已在数日内建成，紧急设立的多个方舱医院也开始收治轻症病例；各地海关开辟绿色通道，确保疫情防控物资火速入境；民航包机接滞留海外的中国公民尤其是湖北籍同胞回家；国家承担新型冠状病毒感染的肺炎患者医疗费用；中国社会各界为战胜疫情纷纷捐款捐物……

在疫情发生后，中国尽最大努力开展防控和救治工作，最大限度地保障了人民的生命健康。中国还及时向世界卫生组织和有关国家通报疫情，积极开展国际合作，采取措施减少疫情在国际蔓延，并善待在华的外国人，展现了一个负责任大国的担当。

中国积极负责应对疫情的决心、措施和成效，得到了国际社会的普遍尊重，也给国际社会吃了颗"定心丸"。世界卫生组织总干事谭德塞 1 月 30 日晚发表声明说，中国政府采取了非同寻常的措施来遏制疫情，"中国应该得到感谢与尊敬"。他说："如果不是政府的努力，以及他们在保护本国人民和世界人民方面取得的进展，我们现在可能已经在中国以外看到了更多病例，甚至可能是死亡。"

世界卫生组织对中国控制疫情的能力继续保持信心，不建议并反对任何针对中国的旅游、贸易等限制措施。德国、法国、英国、俄罗斯、泰国、尼泊尔、突尼斯、柬埔寨、朝鲜、古巴等多个国家，以及欧盟、世界银行、上海合作组织等国际组织也对中国疫情防控工作表示赞赏和支持。俄罗斯总统普京说，中国领导层采取的果断措施将防止疫情扩散，并将损失降到最低。日本时事通讯社评论称，应对病毒已经不再只是中国一国的事情。哈萨克斯坦《今日丝路报》刊文称，中国抗击新冠肺炎疫情，不仅保护中国，也在保护世界。

尽管如此，仍然有个别国家对中国采取不厚道的举措。国外个别媒体还借机侮辱中国国旗，还有人藉此对中国公民采取过激反应。种种言行，令人匪夷所思。

病毒感染不分种族、不论国界，每个人、每个国家都有可能是流行性病毒感染的受害者。"恻隐之心，仁之端也"。任何持有理性、客观、公正立场的人，都会充分认同和尊重中国政府和中国人民为抗击疫情所做出的不懈努力，也必然会对中国人民抱以深切同情和坚定支持。

面对疫情防控的严峻形势，中国政府始终强调把人民的生命安全和健康放在第一位。我们也理解一些国家对此次疫情的担忧，但是国际社会完全可以相信中国政府应对危机的能力。中国政府当前采取的各项联防联控措施，已经并将继续产生积极成效。随着各地医疗资源的不断充实和医疗方案的不断优化，每日新增治愈出院数量在节节攀升，将来也会有更多患者陆续病愈出院。艰难困苦，玉汝于成。

当前，中国人民正团结一心，坚持抗击疫情"全国一盘棋"，尽最大努力抢救每一个生命。相信中国一定会像十几年前最终战胜"非典"那样，取得这场疫情防控阻击战的最后胜利。

疫情折射美国"人权保护"双重标准

杨博超 *

（光明网　2020 年 3 月 19 日）

2020 年 3 月 13 日，中国国务院新闻办公室发表《2019 年美国侵犯人权报告》，以客观、详实数据和大量例证揭露美国"人权保护"虚伪面目和双重标准。一直以来，美国乐于站在人权高地并自诩"灯塔"，将与其人权价值观和意识形态不符的国家视为"异类"，并进行肆意批判。但越来越多的发展中国家和新兴经济体，甚至部分欧洲国家也逐渐清楚地认识到美国在人权保护上的霸权主义行径和双重标准。

讽刺的是，在全世界携手抗击新型冠状病毒疫情的重要关头，美国的"灯塔"似乎照亮了自身社会的阴暗——政府对民众安全等基本权利的保障缺失、种族主义等。《纽约时报》曾同时刊文评论中国和意大利封城政策，展现了赤裸裸的双重标准。事实上，以"推动世界人权保障"为目标的美国政府已成为国际人权保护体系的搅局者：自 2018 年 1 月起，美国政府已不再回复联合国人权特别报告员发出的多份来文，也没有接受其进行国别访问的要求。同年，美国退出联合国人权理事会，并减少对整个联合国的财政支持。2019 年，美国政府亦退出了美洲人权委员会（Inter-American Commission on Human Rights）。同年 7 月，美国国务院宣布成立天赋权利委员会（Commission on Unalienable Rights），其目的在于缩减国家对于国际公认之基本人权保障

---

* 作者杨博超系中国政法大学人权研究院助理教授。

提供的支持,并努力单方面使用与国际人权法相悖的内涵重新定义人权概念,当中包括剥夺对妇女等弱势群体免受歧视的保护。

在当前新冠肺炎疫情已被世界卫生组织定义为"国际关注的突发公共卫生事件",并于 3 月 11 日宣布构成"全球性大流行病(pandemic)"的大背景下,美国政府引发全球舆论和网民"差评",如美国疾控中心以"不会感染"为借口,拒绝对穿着防护设备但已出现感染症状的护士进行病毒检测。同时对世界卫生组织发放的检测试剂盒弃之不用,自行研发试剂盒但随后被证实具有缺陷,导致其整月检测停滞,无法对感染者进行有效区别和救治。另外,检测方法低效、费用高昂、信息不透明等问题亦被民众甚至官员诟病,甚至曾为维护资本市场平稳而停止更新接受检测人数和检测呈阳性患者的重要数据。

在对外政策上,仍不忘彰显"美国第一",以"言论自由"为借口,利用此次疫情煽动种族敌对情绪,此举实与《联合国宪章》和《世界人权宣言》精神相背离,挑战国际人权法原则,并已击穿《公民权利和政治权利国际公约》《经济、社会和文化权利国际公约》《消除一切形式种族歧视国际公约》《美洲人权公约》等一系列国际和区域性人权公约均奉为圭臬的"平等与不歧视"原则。

应当说,疾病一直伴随着人类的发展,特别是传染病对人类产生极大威胁,而对于此次的新冠病毒疫情来说更是对国际社会国家治理提出新的挑战。反观中国政府的抗疫实践,始终强调把人民的生命安全和健康放在第一位,其果断措施最大限度保障了人民群众的健康,有效制止了疫情蔓延,实现了"以人为本、生命至上"的人权保护的核心要义。同时积极向世界卫生组织和相关国家通报有效疫情信息,展现了"负责任大国"的态度。近日,中国派出医疗队赴意大利提供医疗援助,并组织专家多次参加网络医学讨论会分享由新冠病毒导致肺炎的治疗方案,开展国际合作。中国的抗疫措施极大地遏制了疫情在全球蔓延,受到国际社会普遍积极评价。

看美国在战"疫"中如何面对人权

熊芸萱 *

（环球网　2020 年 3 月 25 日）

　　根据美国约翰·霍普金斯大学发布的实时统计数据，截至美国东部时间 3 月 22 日 18 时，美国新冠肺炎确诊病例在 24 小时内增加了 8569 例，总数已达 32717 例。特朗普政府已经接连宣布纽约州、加州、华盛顿州为重大灾区，疫情防控形势异常严峻。作为世界上最大的发达国家，美国在医疗技术、公共卫生防疫体系、病理检测分析手段、信息分享平台等方面，均算得上世界最先进、最完备。但在面对新冠肺炎疫情这样的重大卫生事件时，美国的应对机制仍然暴露出诸多问题，社会的各个子机制之间存在很多"裂缝"。如果说抗击疫情、保护人民生命安全和身体健康是一场严峻的人权保卫战，就美国当前的表现来看，它能否在这场保卫战中交出令人满意的答卷着实是一个很大的问题。

　　美国现有的公共医疗体制制约了每名患者有效获取医疗救治权。美国并没有公众广泛参与的医保，占全国 20% 的人口没有或只能得到有限医疗覆盖。对于有保险民众而言，大部分保险公司表示仅承担新冠病毒专门检测费用。高昂的诊疗费用在一定程度上制约了民众获得医疗救治权。此外，防护物资、医疗设施等资源严重匮乏也将对民众的公共服务权及获得医疗救助权造成严重制约。

---

* 作者熊芸萱系西南政法大学人权研究院研究人员。

美国现有的公共卫生应急防御体系很难真正保障国人的生命健康权。美国联邦预算提案在过去三年中持续削减卫生与公众服务部门经费，疾病控制与预防方面的预算大幅缩水，联邦总体的公共卫生能力减弱，州和地方公共卫生部门机构改革及裁员等因素导致美国无法迅速完成对大规模人口流动的跟踪、封锁疫情严重地区以及在快速修建医院收治病人。尽管全国进入紧急状态后，联邦将拨款 500 亿美元用于疫情防控，并在 4 月内共提供 500 万份试剂，但经费落实等具体情况有待进一步考证。上述条件的制约导致美国很难像中国一样在疫情暴发后及时调拨资金并从全国各地调配医疗力量予以全力保障。

美国病毒检测能力限制获得公共服务权利。首先，疫情初期的美国在病毒检测上秉持"极少量级的检测数量及自行开发试剂盒"的政策，仅在疾控中心亚特兰大总部进行检测，导致 2 月份检测基本停滞。其次，在此期间发放的检测试剂盒存在缺陷，导致超过一半的州实验室无法得出结论性结果，贻误最佳控制时机。再次，疾控中心初期检测设定"有症状、去过武汉、接触过确诊病人的民众"才可接受检测。对于这一过高的检测条件，美疾控中心直至 3 月 4 日才放开。最后，根据美国联邦法律规定，能够研制出检测试剂盒的实验室必须通过食品药品监督管理局批准才可以开展检测，检测盒供应严重不足。据美国疾控中心 3 月 22 日数据显示，全美境内共进行 71870 次核酸检测。而地球另一端的中国，截至 3 月 5 日的检测盒累计供应就已达 1575.5 万人份，并已开始向巴基斯坦、日本、伊朗、意大利、非盟等国家和地区提供检测试剂盒。

美国信息政治化影响民众知情权。及时透明发布准确疫情信息对有效控制疫情至关重要。疫情初期，美国总统特朗普任命副总统彭斯主导抗疫，并规定未经彭斯许可，专家学者不得对外透露关于疫情的最新消息，新闻媒体不得发布容易引发民众恐慌的疫情信息。在官方发布的信息中，白宫、疾控中心和健康社会服务部经常说辞不一，令民众不能及时实施个人防护。而这一切都与美国的政治紧密联系在一起，信息公开与否，与政治绝对挂钩。疫情暴发后，中国国务院联防联控机制每天举行新闻发布会，通过"全国新冠肺炎疫情实时通告"等网络平台及时通报全国疫情状况，广大民众还可以利用大数据平台实现线上求助、免费问诊等。

美国的疫情政治化影响了国际卫生合作。当前，中国的抗疫形势持续向好，中国一方面及时与世界分享战"疫"经验和信息，也始终秉承人类命运共同体理念推动国际合作应对疫情。反观美国，疫情暴发之初，借疫情说人权，编造"中国歧视湖北居民"，使用"黄祸""东亚病夫"等说法诋毁中国，甚至公然违反世卫组织规定使用"武汉病毒""中国病毒"的污名化标签。如今眼看本国的疫情形势日趋严峻，便怨天尤人，企图将自身防疫不力的"锅"甩给中国。据世卫组织网站显示，美国2019年的会费仍拖欠大半，2020年总额超过1.2亿美元的会费分文未付。大疫当前，超级大国这种拖欠会费的做法，伤害的是世卫组织的行动力，也伤害了全球抗击疫情的共同努力。此外，美国不顾伊朗的严重疫情，持续对其施加单边制裁，这不仅使得伊朗的疫情雪上加霜，更严重违背了基本的人道主义精神。

诚然，自进入"全国紧急状态"后，美国宣布了一系列应对疫情的重大举措，但这些举措能否落到实处并取得相应成效仍是未知。社会各方面的有效协调是一项系统工程，但就目前形势而言，这一系统如果不能有效运转，那将可能成为美国疫情防控工作中最大瓶颈，人权保障将在美国成为一句空话。

新冠肺炎疫情凸显美国的种族不平等

郝亚明[*]

（《人民日报》　2020 年 5 月 18 日）

随着新冠肺炎疫情的不断发展，美国的种族主义开始以新的形式呈现。如果说前一个阶段主要表现为部分美国政客和主流媒体针对特定种族及特定国家进行恶意攻击的话，这一阶段则主要表现为美国少数种族群体在疫情中所承受的巨大的种族不平等。

2020 年 4 月 2 日，美国密歇根州卫生和公共服务部公布了该州新冠肺炎确诊和死亡病例的种族构成数据，引发了全世界的关注。非洲裔仅占该州总人口的 12%，却占确诊病例的 33%，死亡病例占比更高达 40%。近日更新的这两项数据分别为 32% 和 41%，显示其比例极为稳定。有媒体指出，在芝加哥、底特律、密尔沃基、新奥尔良等拥有大量非洲裔人口的美国城市里，非洲裔受到新冠肺炎疫情"不成比例"影响的状况极为普遍。作为美国此次疫情的中心地带，纽约市公布的数据更是让人触目惊心。每十万人感染新冠病毒的致死率中，非洲裔为 243.6，拉美裔为 237.7，而白人为 121.5；纽约市当前死亡病例中 30.2% 为非洲裔，30.5% 为拉美裔。除这些局部性数据之外，美国疾病控制与预防中心公布的全国性统计数据则从整体上揭示了不同种族在死亡率上的显著差异。截至 2020 年 5 月 13 日的统计数据显示，全美新冠

---

[*]　作者郝亚明系天津市中国特色社会主义理论体系研究中心南开大学基地研究员、南开大学人权研究中心研究员。

肺炎致死病例中白人占 52.3%，非洲裔占 22.4%，拉美裔占 16.6%，亚裔占 5.8%。其中非洲裔在死亡者中所占比例明显高于其在总人口中 12.5% 的份额，说明这一群体受新冠肺炎疫情影响最为严重。该机构公布的各州新冠肺炎死亡数据同样印证了这一点，几乎所有州中非洲裔的死亡率都排在前列。例如在堪萨斯州，非洲裔仅占总人口的 5.7%，却占死亡病例的 29.7%；在密苏里州，非洲裔占总人口的 11.6%，占死亡病例的 35.1%；在伊利诺伊州，非洲裔占总人口的 14.1%，占死亡病例的 30.3%。

病毒是不区分种族的，因而在新冠肺炎致死率上的种族差异就只能从各种族自身的处境上进行解释。对于美国新冠肺炎疫情中部分少数种族死亡率相对较高的客观事实，人们进行了各种各样的归因分析，提及的因素涵盖了基础疾病、医疗条件、医疗保险、居住条件、经济状况、工作环境、健康意识、营养状况、生活方式、精神压力等极其广泛的内容。可以看到，上述影响因素大多与生物遗传特征关联不大，却集中指向社会经济层面。当如此众多的种族差异几乎无一例外地造成对特定种族群体不利影响的时候，这些种族差异实质上就构成了种族不平等。正如美国联邦参议员伊丽莎白·沃伦在一项声明中所指出的那样，"几十年来，结构性的种族主义让许多黑人和棕色人口家庭无法获得高质量的医疗保健、负担得起的住房和经济保障，而新冠肺炎疫情正使得这些不平等变得更加明显。"

新冠肺炎疫情直接凸显了非洲裔和拉美裔在生命健康权上面临的种族不平等。科学研究发现，基础疾病与新冠病毒感染之间存在紧密的关联，而且会促使新冠肺炎向重症转化并导致更高的死亡率。相比白人而言，非洲裔等少数种族在罹患心脏病、中风、哮喘、肥胖、高血压、糖尿病、癌症等疾病上的几率历来较高，这使得他们更易成为新冠肺炎致死的高危人群。这种系统性的种族健康差异，很大程度上是系统性的种族医疗鸿沟长期累积的结果。统计数据显示，非洲裔美国人缺乏医疗保险的可能性是白人的两倍以上，拉美裔的情况与此大致相当，高昂的医疗费用使得这部分人群不得不放弃寻求医疗服务，而疫情期间没有医疗保险无疑会延误新冠肺炎的检测和治疗。此外，大多数非洲裔或拉美裔社区的医疗机构往往只能提供质量较低、种类有限的医疗服务，这导致其居民常常无法获得及时有效的医疗救治，久而久之就造成了慢性病高发的态势。美国联邦政府首席传染病专家安东尼·福奇承认，新冠肺炎疫情暴露了美国不同族裔居民长期存在的健康医疗差距。健康权作为一项基本人权，除了强调获得医疗卫生保健服务等具体权利之外，还内在地蕴含着平等保障的原则。新冠肺炎疫情中非洲裔和拉美裔美国人的高死亡率，在一定意义上正是美国长期不注重平等保障少数种族健康权的恶果。

新冠肺炎疫情间接凸显了非洲裔和拉美裔在经济社会权利上面临的种族不平等。事实上，健康不仅是一个生物生理概念，也是一个经济社会概念。与个体健康紧密相关的医疗条件、营养状况、居住条件、生活方式等，很大程度上都是由社会经济地位决定的。在新冠肺炎疫情中，非洲裔与拉美裔美国人之所以受到更为严重的冲击，与其整体性的弱势社会经济地位息息相关。统计数据显示，非洲裔的失业率通常为白人两倍左右，拉美裔失业率比白人高出 40% 左右；非洲裔全职工作的周薪中位值平均比白人低近 30%，拉美裔平均比白人低近 40%；非洲裔家庭没有养老储蓄金的比例为 62%，拉美裔家庭为 69%；白人家庭拥有的财富是非洲裔家庭的 12 倍，是拉美裔家庭的近 11 倍。工作不稳定、经济收入低、家庭无储蓄的社会经济状况使得非洲裔和拉美裔缺乏抗御风险的能力，在疫情期间不得不继续出门工作势必增加他们被病毒感染的可能性。同样由于经济社会条件的限制，拥挤的居住条件、卫生状况较差的社区环境、乘坐公共交通工具上下班等都成为这些少数种族更易感染新冠病毒的强化因素。作为结果，美国新冠病毒感染者中 27.5% 是非洲裔，27.6% 是拉美裔，均远高于其在总人口中所占的比例。

新冠肺炎疫情还暴露了美国社会根深蒂固的系统性种族歧视问题。美国国家公共广播电台在田纳西州的调查发现，孟菲斯市新冠病毒检测大多数都是发生在以白人为主的富裕郊区，而不是以非洲裔为主的低收入社区；纳什维尔市的新冠病毒检测大部分都是由设置在白人社区的诊所进行，而设置在少数种族社区附近的检测机构却迟迟无法获得相应的检测设备和防护用品。这些地区检测地点的分布表明，不同种族长期以来在获得医疗服务方面存在明显差距。美国一家生物技术数据公司通过分析几个州的医疗账单信息发现，非洲裔在出现咳嗽和发烧症状后就诊时，医生不太可能安排他们接受当时较为稀有的新冠病毒检测。而对于基础疾病发病率较高的少数种族而言，这种延误诊断和治疗是极为有害的。美国全国城市联盟主席马克·莫利亚尔认为："医护人员和医疗系统等对非洲裔存在一定偏见，与白人相比，非洲裔患者接受的医疗服务更少，医疗质量更差。"正是为了消除新冠肺炎疫情中少数种族群体被区别对待的现象，联合国非洲裔问题专家工作组在一份声明中指出，结构性歧视可能会加剧获得医疗保健和治疗的不平等，从而导致康复结果中的种族差异，并增加非洲人后裔的死亡率和发病率，同时呼吁各国政府在应对新冠肺炎疫情危机期间为所有人提供医疗服务时，保证种族公平和平等。

新冠肺炎疫情下美国弱势群体的人权困境

钱锦宇 *

（《光明日报》 2020 年 5 月 18 日）

突如其来的新冠肺炎疫情在全球多个国家暴发，不仅对全人类的生命安全和身体健康造成严重威胁，也对世界各国的治理理念、治理体系和治理能力提出了严峻考验。在全球抗击应对新冠肺炎疫情的过程中，最令人困惑的事情，莫过于美国新冠肺炎确诊人数超过 150 万例，感染死亡人数突破 9 万人，成为全球新冠肺炎疫情名副其实的"震中"。

尽管世界卫生组织的专家团队多次敦促各国以遏制为中心，根据自身情况综合施策，在保护健康、防止经济社会动荡与尊重人权之间取得良好平衡，然而，面对新冠肺炎疫情，美国特朗普政府急于国际"甩锅"而非国内防控、忙于嫁祸于人而非反躬自省、惯于抹黑污蔑而非协同共治的抗疫举措，不仅刷新了人们对于美国国家治理理念、体系和能力的传统认知，而且打破了关于美国作为"人权卫士"和"民主旗手"的种种自诩形象。事实上，新冠肺炎疫情袭击下的美国，其人权状态不容乐观，尤其是老人、儿童、残障者和流浪者为代表的社会弱势群体，其人权保障的不力状况极其严峻。

弱势群体的人权能否得到有效保障，既是观察一个国家人权状况的主要窗口，也是检验一个国家政治文明程度的重要标准。在重大公共卫生危机中，弱势群体的风险防控能力最低，其风险处境的不利状况亟须国家以积极负责

---

* 作者钱锦宇系西北政法大学人权研究院教授、执行院长。

的态度和高效有力的行动来予以改善，进而保障社会弱势群体的生命权、健康权和其他权利。然而在美国，新冠肺炎疫情下弱势群体的人权保障，不仅面临着行动的迟缓和不力，甚至还面临着理念的颠覆和解构。

首先，美国老年人的人权受到全面威胁。正如联合国秘书长古特雷斯5月1日发布的《新冠疫情对老年人影响》政策简报中指出的，老年人感染新冠病毒后的病死率更高，疫情给老年群体造成了"难以言表的恐惧和折磨"，老年人与年轻人享有同等的生命权和健康权，疫情之下"谁也不能被牺牲、被抛弃"。但是，由于经济贫困、高额检测治疗费用、养老机构长期投资不足导致的结构性缺陷和特朗普政府对新冠肺炎疫情的迟缓应对等原因，美国老年人成为新冠肺炎疫情的最大受害群体。据美国全国广播公司统计，截至5月8日，美国养老院已有超过19000人死于新冠肺炎。同时，由于美国各级政府和相关机构对于养老院疫情信息公开不及时、不透明，养老院正在成为美国新冠肺炎疫情的"黑洞"。更骇人听闻的是，否定老年人生命价值和生存意义的声音在美国不绝于耳。从将新冠病毒称为"美国婴儿潮一代的终结者"的病态玩笑，到得克萨斯州副州长帕特里克发表的老年人应该为美国经济复苏而主动牺牲的无情观点，再到右翼媒体 Daily Wire 新闻网主编本·夏皮洛提出的疫情下的美国老人是否有权活过预期寿命的冷酷论题，都在不断冲击着联合国大会颁布的《世界人权宣言》（第217A〔Ⅱ〕号决议）关于人人有权享有生命、自由和人身安全的原则；不断否定着《1982年老龄问题维也纳国际行动计划》庄严重申的"《世界人权宣言》所载的不可剥夺的基本权利应充分地、不折不扣地适用于老年人"的要求；不断诋毁着联合国大会通过的《联合国老年人原则》（第46/91号决议）秉持的"老年人不论其年龄、性别、种族或族裔背景、残疾或其他状况，均应受到公平对待，而且不论其经济贡献大小均应受到尊重"的理念；也不断颠覆着美国自己在《独立宣言》中宣称的"人人生而平等"的价值观。

其次，美国儿童权利面临多重侵害。在美国挑起的全球贸易争端和新冠肺炎疫情的双重打击下，美国经济持续衰退，25%的实际失业率居高不下，累计失业人数高达3300万人，贫困状况不断加剧，致使社会弱势群体尤其是儿童面临着严重的粮食不安全和家庭暴力等新冠肺炎疫情下的次生危机。美国智库布鲁金斯学会发布的调查报告显示，新冠肺炎疫情暴发以来，由于家庭收入锐减带来的贫困，20%的美国儿童因没有足够的食物而处于饥饿状态。而因为贫困和居家隔离导致的针对儿童的家庭暴力事件，数字却在不断攀升。近期纽约州出现致73名儿童感染、致3名儿童死亡的可能和新冠肺炎有关的"炎症综合征"，直接威胁着儿童的生命健康权利。

最后，美国残障者和无家可归的流浪者的人权保障陷入结构性困境。作为全球最发达的国家之一，美国不仅没有批准联合国《儿童权利公约》，而且也拒绝批准《经济、社会和文化权利国际公约》和《残疾人权利公约》等多项旨在保护社会弱势群体的国际人权公约。尽管古特雷斯5月6日呼吁各国政府在应对新冠肺炎疫情时应注重保障残疾人权益，但是，在约翰斯·霍普金斯大学流行病学专家邦尼林·斯威诺看来，美国社会时至今日也未消除"残障者无需高质量生活"的潜在观念，在美国应对新冠肺炎疫情的策略中，残障者在很大程度上是被忽视和排除在外的群体。残障者不仅在新冠肺炎检测治疗过程中往往遭遇歧视性对待，已经有多个州发生残障者针对医疗资源的歧视性分配政策提出投诉的案例，而且在经济严重下滑和就业岗位锐减的情势下，残障者还面临着就业歧视和贫困威胁。与此同时，如果说老年人聚居的养老院是美国新冠肺炎疫情的黑洞，那么，流浪者栖身的街头，则是美国新冠肺炎疫情防控的最大缺口。据悉，在美国露宿街头的流浪者超过55万人，其中30%是有孩子的家庭。仅加利福尼亚一州，就有超过15万流浪者。居无定所且食物药品等生活物资的极度匮乏，导致流浪者在疫情中处境更加危险。而新冠病毒核酸检测试剂盒的供应匮乏和美国高昂的核酸检测费用，使得流浪者成为美国疫情防控过程中的又一批"弃儿"。

在《二十国集团领导人应对新冠肺炎特别峰会声明》中，与会各国均承诺加强对所有人的保护，尤其是受传染病严重影响的弱势群体。但美国的实际行动却是乏善可陈。疫情中美国在弱势群体人权保障方面的种种劣迹，再次暴露出其社会痼疾和人权保障的制度缺陷。无疑，美国是到了放弃傲慢偏见而躬身自省的时候了。

相关国家对华旅行管制措施违背世卫组织临时建议

毛俊响 *

(《光明日报》 2020 年 2 月 15 日)

2020 年 1 月 30 日，世界卫生组织突发事件委员会针对在中国发生的新冠肺炎疫情召开第二次会议。会后，世界卫生组织总干事谭德塞根据突发事件委员会的建议宣布该疫情已构成"国际关注的突发公共卫生事件"，同时就开展国际合作阻止疫情蔓延发布临时建议。本次临时建议包含对中国的建议、对所有国家的建议和对国际社会的建议。这些建议可归纳为以下七个方面：第一，没有理由采取不必要的措施干涉国际旅行和贸易；第二，支持卫生系统薄弱的国家；第三，加快疫苗、治疗方法和诊断工具的开发；第四，抵制谣言和错误信息的传播；第五，审查防范计划，找出差距，评估识别、隔离和护理病人以及防止传播所需的资源；第六，与世界卫生组织和全世界分享数据、知识和经验；第七，所有国家本着团结合作的精神共同努力阻止疫情。

在世界卫生组织提出临时建议前后，有 102 个国家或地区相继采取了针对中国的旅行管制措施。根据国家移民管理局最新发布的"近期有关国家入境管制措施提醒"，各国针对中国的旅行管制措施存在较大不同：第一，加强入境检测和管理。德国、英国、法国、加拿大等 50 个国家在入境口岸对旅客进行体温检测和疫情筛查，发现疑似病例将进行隔离观察。第二，采取签证紧缩措施或取消直航，如意大利、塔吉克斯坦等 19 个国家。其中，塔吉克斯坦还同时采取了第一种措施。第三，日本、韩国等 5 国对护照签发地为"湖

---

* 作者毛俊响系中南大学人权研究中心执行主任、教授。

北"及有湖北旅行经历的旅客进行入境管控。第四，除本国公民的配偶、监护人或直系亲属等人员外，禁止中国公民、有中国停留记录的或经中国到达的旅客入境，如澳大利亚、美国等 32 个国家或地区。其中，新加坡、以色列、越南还同时采取了第二种措施。

综上可见，在已经采取对华旅行管制措施的国家和地区中，多数国家针对疫情发展状况采取了兼顾安全与友好的理性措施，通过加强入境检测和管理等必要手段进行防控。但是，我们仍然遗憾地看到，一些国家将中国整体当成疫区看待，针对中国公民或有在中国停留记录的旅客采取禁止入境的管控措施。这类措施违背了世界卫生组织临时建议。

首先，针对中国公民或有在中国停留记录的旅客采取禁止入境的管控措施，违背了世界卫生组织临时建议的基本要求。临时建议明确强调："不建议并反对针对中国实施任何旅行或贸易限制。"事实上，世界卫生组织发布临时建议，并非鼓励各国采取对华旅行管制措施，而是要求所有国家"都应作好控制疫情的准备，包括主动监测、早期发现、隔离和病例管理、接触者追踪和防止 2019-nCoV 感染的进一步传播，并与世界卫生组织共享全部数据"。世界卫生组织总干事谭德塞 1 月 30 日在关于 2019 新型冠状病毒的《国际卫生条例》突发事件委员会新闻通报会上也明确指出：宣布此次新型冠状病毒的全球疫情为国际关注的突发公共卫生事件，并非是对中国的不信任，相反，世界卫生组织继续对中国控制疫情的能力抱有信心。因此，谭德塞强调："没有理由就国际旅行和贸易采取不必要的干预措施。世卫组织不建议限制贸易和人员流动。"

其次，针对中国公民或有在中国停留记录的旅客采取禁止入境的管控措施，违背了世界卫生组织临时建议所强调的必要性原则。《国际卫生条例》多次强调世界卫生组织应该在安全、贸易和人权之间达成动态平衡。《国际卫生条例》第 2 条明确规定："本条例的目的和范围是以针对公共卫生风险，同时又避免对国际交通和贸易造成不必要干扰的适当方式，预防、抵御和控制疾病的国际传播，并提供公共卫生应对措施。"《国际卫生条例》第 17 条也强调，总干事在考虑发布临时建议时，应"根据适合情况的风险评估所采取的卫生措施，对国际交通和贸易的限制和对人员的侵扰不超过可适度保护健康的其他合理措施"。因此，各国根据临时建议采取的卫生与安全措施，应该遵循必要性原则，不应大于避免或降低风险所采取的措施，不应对贸易和旅行造成不必要的干预。实际上，德国、法国、英国等 50 个国家目前只采取入境检测和管理措施，就表明禁止入境并不是保障国内公共健康安全所必要的紧迫性措施。

再次，针对中国公民或有在中国停留记录的旅客采取禁止入境的管控措施，违背了世卫组织临时建议所强调的禁止侮辱和歧视原则。临时建议强调："根据《国际卫生条例》第 3 条中的原则，请各国不要采取可能助长侮辱或歧视的行动。"《国际卫生条例》第 3 条第 1 款即规定："本条例的执行应充分尊重人的尊严、人权和基本自由。"非歧视是人权保障的基本原则。一些国家对中国公民采取"一刀切"式的禁止入境管制措施，实际上就是对中国公民不加区分的"有毒推定"。一方面，并非所有中国公民都感染病毒，单独将中国公民与病毒联系起来，涉嫌侮辱和污名化。另一方面，已有 20 多个国家出现新冠病毒感染病例，单独将中国公民和病毒联系起来，涉嫌歧视。

诚然，一国采取何种程度的入境管制措施，属于该国的主权事项。但任何国家在传染病面前都无法做到独善其身。正如本次临时建议所强调的："国际社会应遵循《国际卫生条例（2005）》第 44 条规定，继续团结合作，相互支持，以确定这一新型病毒的起源及其在人际传播中的全部潜力，防范可能输入的病例并开展研究以开发必要的治疗方法"。"单则易折，众则难摧"。我们战胜此次疫情的唯一途径是所有国家本着团结合作的精神共同努力，依据科学原则以及现有的科学依据和其他有关信息采取有效的卫生措施，共同消除疫情。当前，中国人民上下团结一心，众志成城抵御疫情。"中国政府最高领导人的领导作用、政治承诺和在透明度方面的决心，以及为调查和控制当前疫情所做的努力"，表明中国"实际上正在为疫情应对确立新的标准"。对于国际社会而言，"此时此刻，需要事实，而非恐惧；此时此刻，需要科学，而非谣言；此时此刻，需要团结，而非污名化"。

【第三部分】

共建人类命运共同体

将疫情"政治化",还是携手共建全球防疫共同体?

常　健*

（环球网　2020 年 3 月 22 日）

新冠肺炎疫情是罕见的全球重大突发公共卫生事件,威胁着世界各国人民的生命健康,也考验着各国政府的智慧和能力。在疫情面前,是选择对受难国家进行道德污名化,将疫情用作政治攻击的工具,还是协力抵御疫情蔓延,共建全球防疫共同体?

中国在此次应对新冠肺炎疫情的过程中,从人类命运共同体理念出发,以抑制疫情的全球传播为己任,采取积极严格的应对措施,全力阻击疫情的蔓延,为世界争取了宝贵的机会窗口。中国以高度负责任的态度,及时向世界卫生组织通报信息,分享新型冠状病毒基因序列信息,公布新型冠状病毒核酸检测引物和探针序列,每日向世界公布疫情进展,并与相关国家保持密切的信息沟通。中国积极同有关国家分享防控经验,发布了 7 版新冠肺炎诊疗方案、6 版防控方案,在国内防疫人力物力资源非常紧张的情况下,向一些国家派出医疗专家团队,捐赠口罩、核酸检测试剂盒、防护服、医疗设备等防疫急需物资,提供力所能及的援助。中国支持联合国、世卫组织动员国际社会加强政策协调,加大资源投入,特别是帮助公共卫生体系薄弱的发展中国家做好防范和应对准备。中国向世卫组织捐款 2000 万美元用于帮助贫穷国家改善公共卫生系统,以便更有效地应对疫情。在与联合国秘书长古特雷

---

*　作者常健系南开大学人权研究中心主任、教授。

斯通电话时，习近平主席指出，"新冠肺炎疫情的发生再次表明，人类是一个休戚与共的命运共同体。国际社会必须树立人类命运共同体意识，守望相助，携手应对风险挑战，共建美好地球家园"。在致意大利总统马塔雷拉的慰问电中，习近平主席指出："人类是一个命运共同体，唯有团结协作才能应对各种全球性风险挑战"。中国的理性呼吁、人文关怀和慷慨解囊，得到世界许多国家的认同和感谢。

然而，世人也见证了一些国家的政客和媒体，不仅隔岸观火、幸灾乐祸，而且借疫情之机落井下石、为己谋利，大肆进行政治攻击，极尽道德污名化之能事。这里既有美国商务部长罗斯的"中国发生新型冠状病毒疫情将'有助于制造业加速回流美国'"这样毫无同理心的言论，也有《华尔街日报》使用"真正的东亚病夫"这样充满种族歧视色彩的评论标题，还有包括美国总统在内的一些政客使用"中国病毒""武汉病毒"这样的标签化字眼，并厚颜无耻地将本国疫情防控不利的黑锅甩给中国。凡此种种，不一而足。一向标榜尊重人权的西方政客和媒体在此刻摘下了伪善的面具，所透露出的傲慢和蔑视，不仅暴露了他们居高临下的种族优越感，而且充分显示出他们内心深处的道德冷酷。

患难见真情，世界上大多数国家政府、人民和国际组织对中国表达了同情和支持。自新冠肺炎疫情暴发以来，170多个国家领导人、40多个国际和地区组织负责人以电话、信函、声明等方式对中国表示慰问支持。截至3月2日，共有71个国家和9个国际组织承诺向中国捐助疫情防控物资。为回击针对中国人的歧视，不少有良知的国外媒体在谈到武汉时，引用了17世纪英国埃姆村为防止黑死病疫情扩散而封村做出沉重牺牲的故事。意大利、西班牙、澳大利亚等国家的一些地区发起"拥抱中国人""武汉加油，中国加油"等活动。墨西哥卫生部副部长、应对疫情委员会负责人洛佩斯表示，中方及时同世卫组织和国际社会分享信息，为遏制疫情扩散发挥了关键作用。得道多助，失道寡助，这些来自各国的友好声音显示出世界人民人同此情、心同此理，也显示出西方少数政客的倒行逆施是不得人心的。

公道自在人心，是非自有公论。联合国秘书长古特雷斯表示，"联合国感谢中方为当前处境困难的国家抗击疫情提供援助，赞赏中国同发展中国家分享疫情防控经验，并提供医疗物资和疫苗医药等宝贵援助"。联合国人权高级专员巴切莱特敦促受到新冠肺炎疫情影响的各国政府采取所有必要措施应对排外事件和污名事件，认为"国际团结和合作从来没有这么重要过"。世卫组织总干事谭德塞旗帜鲜明地指出，"这是一个需要事实而不是恐惧的时刻，是需要科学而不是谣言的时刻，是需要团结而不是羞辱的时刻。"世卫组织宣布将新型冠状病毒正式命名为"COVID-19"，"防止名称使用不准确或是产生侮辱意味"。联合国、人权高专和世卫组织的这些表态给了那些蝇营狗苟的卑鄙叫嚣者一记重重的耳光，彰显出国际社会致力于构建全球防疫共同体的坚定决心。

1月31日，世卫组织宣布新冠肺炎疫情为"国际公共卫生紧急事件"；3月12日，世卫组织进一步宣布新冠肺炎疫情为"全球大流行"疫情；截至3月17日，中国以外感染新冠肺炎的确诊病例已超过11万人，几十个国家宣布全国或部分地区进入紧急状态甚至战争状态；全球十几个国家的股市多次出现"熔断"，全球九大指数暴跌超过20%，超过30个股票市场进入"技术性熊市"……冷酷的事实再次告诉全世界，在全球化的新时代，各国彼此深度依赖，在公共卫生、金融、经济、安全、环境等各领域相互影响、休戚与共。面对像新冠肺炎疫情这样威胁人类整体生存的全球突发重大公共卫生事件，如果将疫情当作政治攻击和道德污名化的机会和手段，企图借此攫取政治和经济收益，只能搬起石头砸自己的脚。只有团结协作构筑全球防疫共同体，携手抵御疫情的蔓延，才能成功战胜疫情，实现共赢。

以人类命运共同体理念推进全球风险社会中的
公共卫生危机治理

钱锦宇 *

在 21 世纪的第二个十年，人类社会的现代化进程不断加速。然而，现代化的推进和现代性的塑造，并没有一劳永逸地消除伴随并威胁人类社会的各种风险。此次新冠肺炎疫情的全球暴发，在对全人类生命安全和身体健康造成了极大威胁的同时，也说明伴随着现代性而来的，是一个充斥着现代化风险的全球性"风险社会"。在全球风险社会中，风险的全球化对全球治理提出了严峻的挑战。

纵观人类文明发展史，自人类诞生以来，人类社会的治理体系和治理能力就是在不断应对天灾、战争、瘟疫、跨境犯罪、环境污染等危机和挑战中不断得以提升和完善的。新冠肺炎疫情的全球蔓延，不仅是联合国成立以来面临的最大考验，也是对全球人权治理的一次结构性考验。全球疫情防控的根本使命和目标，在于保障全人类作为首要人权的生存权与发展权。如何通过正式制度与非正式制度的安排，最大限度地实现人的生存和人的全面发展，始终是具有正当性的治理制度和治理行动的根本价值定位和最终目标导向。当下疫情的全球暴发，直接危害到的是全人类的生命权和健康权的实现，以及以其为基础的发展权和其他权利的实现。如果无法在全球治理的维度，对

---

*　作者钱锦宇系西北政法大学人权研究院执行院长、教授。

新冠肺炎疫情防控治理取得实效，那么增加全世界的公共利益、增进全人类福祉就只能是一个虚幻。

但是，此次新冠肺炎疫情却暴露出全球公共卫生风险治理存在着三重缺陷，即风险防控治理结构中主体的疏离化、信息的碎片化和行动的失衡化。

首先，全球疫情风险防控治理主体的疏离化。联合国框架下的全球多元共治一直是 21 世纪乃至未来全球治理的最优方案。但是，囿于个别国家的蓄意干扰，在新冠肺炎疫情防控治理过程中，联合国及其相关组织的功能难以实现功能最大化。众所周知，世界卫生组织是联合国系统内负责全球公共卫生事务的专门机构。自其成立以来，世卫组织在促进全球流行病和地方病的防治、提供和改进公共卫生、疾病医疗和有关事项的教学与训练，推动确定生物制品的国际标准等领域发挥了巨大的作用。当前，世卫组织秉持科学、客观、公正立场，积极指导协助各国应对疫情，为抗疫国际合作作出重要贡献。然而，个别国家出于其国家利益需要和国内政治利益集团的利益考量，试图通过不断地批评和施压世卫组织和其他国家来"甩锅"，以遮掩自身疫情防控治理举措失当的责任。在不断污蔑世卫组织"把事情搞砸了"之后，美国特朗普政府甚至宣布美国政府暂停向世界卫生组织拨款，并就"组织内部管理问题、是否在新冠病毒传播问题上有所掩盖"等问题要对世卫组织实施调查。与此同时，各国仍然是全球治理的重要主体。这决定了全球疫情风险治理过程本身是一个多元治理的结构。这种治理结构不仅存在多个利益主体，也意味着利益主体在疫情防控过程中存在的复杂的利益关系。在缺乏理念共识和有效协同的约束下，全球疫情防控治理的主体在一定程度上呈现出疏离状态，阻碍了全球抗疫合力的形成。

其次，全球疫情风险防控治理信息的碎片化。一方面，各国在新冠肺炎疫情信息的收集和传递机制各不相同，其所获得的信息呈现出碎片化特征。另一方面，在世卫组织功能受到非正常干扰的情况下，以各种版本的阴谋论为代表的谣言，经由网络自媒体的催化发酵，加速了全球疫情防控治理信息的碎片化。阴谋论和谣言密集出现在疫情扩散、病毒起源、药物治疗和政府治理等公共话题场域，在塑造新冠肺炎疫情防控治理的后真相时代中，不仅不利于平缓国际社会的恐慌情绪，而且还加剧了全球疫情防控治理的难度。

最后，全球疫情风险防控治理行动的失衡化。全球疫情防控治理的核心是全球联防联控。正如中国国家主席习近平在二十国集团领导人应对新冠肺炎特别峰会的讲话中指出的那样，"疫情是我们的共同敌人。各国必须携手拉起最严密的联防联控网络"。但是从全球疫情风险治理行动的实践来看，各国的公共卫生风险治理和危机管理制度、预案和措施之间还存在不协调、不统一甚至相互矛盾、冲突的现象。不同的国家制度和治理体系，导致各国在疫情的传播阻断、风险评估、防控应急响应、医疗资源供给等方面出现不平衡不充分的状态。更有甚者，部分国家在中国政府全力抗击新冠肺炎疫情时，或者隔岸观火，或者迟疑观望，因而错失了中国积极防控疫情为全球其他国家疫情防治争取来的宝贵窗口时机。在世卫组织功能受扰的情况下，如果各国缺乏必要的理念共识和行动协同，那么利益的多元性和差异性必然导致全球疫情防控中的利益冲突和失衡失序。同时还值得注意的是，广大发展中国家和不发达国家，却因为旧有的国际政治和经济秩序的不合理而面临着公共卫生危机治理能力欠缺、治理资源不足、治理力度不够等问题。

事实上，在全球风险社会结构中，面对风险的全球化，没有绝对安全的角落。人类是一个命运共同体已经是一个不争的事实。实践不断证明，奉行某个特定国家利益优先的观念和"有原则的现实主义政策"的外交战略导向，通过单边主义和逆全球化理念来拒斥全球协同治理与合作共赢，根本无助于有效应对新冠肺炎疫情的全球蔓延，更谈不上以积极且负责任的态度来履行国家所承担的国际义务。

理念是制度的灵魂，思想是行动的先导。要取得全球新冠肺炎疫情防控治理的实效，首先和关键则是寻求共识性理念，并在共识性理念的主导下，推进全球治理体系的现代化，破除治理主体的疏离，消除治理信息的碎片化，提升治理行动的协同性与联动性。而中国政府提出的"构建人类命运共同体"倡议，在坚定维护联合国在全球治理中的核心地位基础上，以"多边主义"和"多元共治"为本质特征，以治理的合作性与协同性为主线，以多元治理主体共同应对危机、分享治理红利和促进全人类的全面发展为目的之理念，无疑对于推进全球新冠肺炎疫情的防控治理，具有积极的启示和意义。

习近平主席指出："全球治理体制变革离不开理念的引领，全球治理规则体现更加公正合理的要求离不开对人类各种优秀文明成果的吸收。要推动全球治理理念创新发展，积极发掘中华文化中积极的处世之道和治理理念同当今时代的共鸣点，继续丰富打造人类命运共同体等主张，弘扬共商共建共享的全球治理理念。"要推进全球疫情的有效防控治理，就必须打破传统"西方中心主义"的不证自明性和"文明—野蛮"二元对立思维模式，屏蔽那种国家利己主义与国际利他主义相矛盾的心理，寻求国家本位主义与全球主义之间的平衡，在全球化中探寻机遇而不是在逆全球化中坐失良机。正是因为如此，联合国秘书长古特雷斯才强调认为，建立公平的全球化是预防各种风险的最佳方式，全球化发展趋势迫使人们必须努力实现包容性的可持续发展。

此次新冠肺炎疫情的全球暴发，已经证明21世纪以全球化为必要条件的现代化进程中，"人类命运与共"和风险共担共治的必然性，意识到全人类都处于抗击疫情的命运共同体之中。因此，只有寻求对话、结伴与共赢合作，拒绝对抗、结盟与零和博弈，才是全球公共卫生风险治理的关键。尤其是当旧有的全球治理体系难以有效实现医疗资源和疫情防控信息在全球的有效分配和交换，诸多欠发达国家和最不发达国家普遍面临着新冠疫情"防控缺位"的困境时，秉持人类命运共同体理念，推进全球疫情的协同防控和合作治理就更加凸显了其所具有的普遍价值。

全人类的生存、和平与发展，是构建人类命运共同体的终极价值所在。通过协同与合作，有效应对基于疫情暴发而产生的全球性挑战、分享全球治理红利，维护全人类的生命和健康，实现生存权和发展权，推进全球人权治理，将是一切良善政治的起点和归宿。

各国忙战"疫"，制度挺关键

许 尧[*]

（《环球时报》 2020 年 3 月 16 日）

　　总览全球新冠肺炎疫情地图变化，可以直观地感受到，各国在防控疫情方面的不同做法产生了不同的效果。近日，笔者作为中国人权研究会代表团成员在瑞士日内瓦参加联合国人权理事会第 43 届会议，介绍了"中国在疫情防控中的人权保障"，并就各国不同的疫情防控模式与联合国人权高专办官员及多国外交官进行了讨论。对中外疫情防控模式进行归纳和挖掘，能够为我国以及其他正在被疫情困扰的国家提供一些参考。

　　中国坚持以人民为中心，在疫情紧急的状况下，采取了最全面、最严格、最彻底的措施，不惜代价优先救治患者，挽救他们的生命。同时，大力切断病毒传染的渠道，保障最大多数人的生命和健康权利。中国共产党始终致力于实现人民的根本利益和长远利益，尤其是在这种紧急情况下，更是优先考量广大人民的生命健康权，经济成本的考虑是次要的。与中国不同的是，西方一些国家的民众如果不幸感染，需要自己承担检测和治疗成本，而社保体系覆盖面又极为有限；同时，在维护资本利益和保障民众生命健康安全之间，执政党以"权力"和"资本"为中心，很难出台限制经济活动以控制病毒传播的政策，导致病毒加速传播。

　　在抗击疫情过程中，中国发动了全国范围内的动员，从中央政府到基层街

---

　　* 作者许尧系南开大学人权研究中心副研究员。

道，从相关志愿者组织到社区自治组织，所有的基层组织迅速激活，管理单元不断细化，管理链条不断优化，并且有序整合到网格化体系之中。这种强大的动员能力依赖于人民群众普遍具有的爱国、奉献、担当的价值观，依赖于广大人民对党和政府的充分信任，依赖于党组织的健全和威信。而在西方一些国家，政府难以在面对社会问题时动员碎片化和多元化的民众去配合政府行动，而问题恶化时，民众又习惯于通过街头抗议来表达反对声音，通过选票政治来表达不满，这种"对抗式"的模式很难形成应对危机的建设性合力。

中国建立了高度协同的整体治理体系，上下一盘棋，统一调拨医疗资源支援湖北，有关省市对湖北各地市对口支援，全国处于相互协同的大系统之中，从而能够实现有步骤、有重点的整体性应对。中国的人权观念和治理体系都强调集体，强调以整体治理观去系统化解决难题。而西方一些国家难以实现在不同区域间的资源整合，难以形成纵深防控体系，难以针对紧急问题快速决断并有效执行。中国医护人员不顾个人安危奋战在一线，与一些国家和地区医护人员集体"罢工"或"请假"形成鲜明对比。片面强调个体权利和自由的治理观很难从整体上实现对疫情的有效应对。

中西方国家对是否"戴口罩"的不同态度凸显了二者的文化差异。中国人认为戴口罩既是预防，也是对其他人负责，西方人则认为"只有病人才戴口罩"，而不去过多思考是否需要预防疾病的传染。笔者在日内瓦机场下飞机后就看到明显的提示——鉴于瑞士的疫情情况，建议大家都将口罩摘掉扔到垃圾箱里；在日内瓦万国宫参加联合国人权会议时，门口没有设置量体温等程序，动辄数百人的会场几乎没有人戴口罩，只是在会议室门口竖立着一张海报，上面提供了一旦感到自己感染时可以求助的联系方式。抵制戴口罩是很多西方国家共同的文化，这种对预防的不同态度，也导致了迥异的疫情控制行为与效果。

各国在执政理念、组织能力、组织体系、物资调配、人力动员、观念引导等方面的差异影响了疫情防控的措施和效果。也要看到，我们在疫情防控过程中还存在一些不足和问题，需要进一步解决和完善。继续发挥好我们的制度优势，是我们取得最后疫情防控胜利的根本保证。

疫情治理凸显中西人权文化差异

尚海明 *

（《光明日报》　2020 年 4 月 23 日）

新冠肺炎疫情暴发以来，中国政府采取一系列举措及时应对，有效遏制了疫情进一步蔓延，充分保障了中国民众的生命安全和身体健康，赢得世界卫生组织和国际社会的广泛赞扬。疾风方知劲草，烈火淬炼真金，中国在此次疫情防控阻击战中的优异表现不仅彰显了中国特色社会主义的制度优势和中华民族的强大精神力量，还凸显了中国人权文化所具有的独特优势。

一、强调家庭责任的人权理念，强化个人自我严格约束

与西方人权理念多从个人主义角度出发不同的是，中国人的人权认知具有强烈的家庭观念特征。在中国人看来，个人与他人、社群之间并非孤岛一般存在，每个人都生活在一定关系网络中，而家庭是中国人最为重要的归属。在家庭生活中，每个人对于家庭其他成员都具有相应的义务与责任，父母有抚育子女的责任，子女也有赡养父母的义务，这种强烈的家庭责任观念影响了中国人对权利的理解。

中国文化对家庭责任的强调，要求每个人都应珍视自己的生命权，贸然将自己置于危险之中，会被认为是没有责任感、不成熟的表现。在危急情况下，中国人也更能容忍对生命权之外各类权利的克减。面对来势汹汹的新冠肺炎

---

　*　作者尚海明系重庆市中国特色社会主义理论体系研究中心西南政法大学分中心特约研究员。

疫情，多数中国人都能够自觉地佩戴口罩并居家隔离。因为在中国人看来，自觉遵守居家隔离规定，做好自我保护不仅是对自己负责，也是对家庭负责。但在强调个人主义与自由主义的西方人看来，如此多的国民能够自觉在家隔离一两个月，甚或更长时间，简直是一个奇迹。在欧美国家疫情大范围暴发后，大量民众仍然不顾紧张的疫情形势外出聚会游玩。即便政府发布了禁足令，仍无法阻拦民众冒险外出。西方社会对个体自由的过度追求给疫情防治带来了巨大困难。

二、追求道德超越的人权理念，激发社会无私奉献精神

西方人权理论强调人的自然属性与自然欲望的正当性，认为人作为一个自然人就应当享有各种与生俱来、不可剥夺的人权。西方人权文化将人理解为"欲望的主体"存在的一大弊病在于容易忽视人类内在的道德潜能，也容易导致权利的无限膨胀与滥用。相比之下，中国人习惯于从道德视角理解人与权利。例如在生命权问题上，中西之间就存在不同理解。如孟子所言，"生亦我所欲也，义亦我所欲也；二者不可得兼，舍生而取义者也。"（《孟子·告子上》）生命权固然是每个人都珍视的重要权利，但人不仅有生物性的一面，还具有超越性的一面，中国文化不主张将人权绝对化。

中国文化强调人的道德超越性，受此影响，在面对大灾大难时，中国人总能迸发出"天下兴亡匹夫有责"的责任意识与"不避义死"的无私奉献精神。在此次疫情防控阻击战中，以共产党员为先锋的数万名医护人员不顾个人安危火速赶往疫情第一线，广大社区工作者、基层干部、志愿者、快递小哥等，放弃节假日休息，坚守工作岗位，社会各界踊跃捐款捐物，海外华侨华人和留学生群体四处奔走采购医疗物资。中国人这种超越个体权利考量的无私奉献精神，为我们汇聚了打赢疫情阻击战的强大力量。

三、坚持平衡协调推进各项人权，践行国家使命担当

西方人权理念强调个人独立与个人自治，将个体与国家关系理解为一种简单的对抗关系。这样一种对个体与国家关系的简单化理解导致西方社会过

度强调公民权利与政治权利，而忽视了经济社会文化权利的重要性。政府偏向承担消极的"尊重"义务和事后的"保护"义务，缺少更加积极的措施为人的发展创造适宜条件，不可避免造成人权理念与实践的背离。英国在疫情初期所推出的"群体免疫"政策便是典型，政府面对疫情的无所作为一定程度上放任了疫情的蔓延，对民众生命健康权造成极大侵害。除此之外，此次疫情中美国所出现的极高的民众感染率与死亡率，尤其是非洲裔、拉美裔美国人等弱势群体的超高死亡率，也与美国政府长期以来在经济、社会权利保障上的严重不足密切相关。

在中国人看来，西方社会过度强调政府的消极不作为，极大地削弱了政府的权能，在危急时刻反倒使人权无法得到充分实现。"人"是人权的主体，人权应当是对"人"全方位的关怀，政府作为人权的义务主体应当协调推进各项人权全面发展。面对疫情，中国政府坚持以人民为中心的人权理念，将公民生命健康权作为第一位的基本人权予以保障，通过紧急调配医护人员和医疗资源、建设集中收治医院、免费收治感染患者等多方面举措，尽最大能力让每个患者都能得到及时治疗，取得了良好效果。世界卫生组织多次称赞中国抗疫举措，认为面对严峻挑战，中国采取的措施可能是有史以来最具雄心、最敏锐和最严格的疾病防控措施，中国的抗疫成就给世界其他地区带来了希望。

此次疫情，让我们更加清楚地认识到西方人权文化所存在的诸多弊病，其对个体自由与个体利益的过度强调所导致的个体责任感弱化与权利的过度膨胀，给疫情治理带来巨大挑战；其对经济社会文化权利的轻视，给社会弱势群体带来巨大伤害。而中国人权文化对个体责任的强调，对权利义务相平衡的追求，对两类人权协调推进的重视，无疑是对现代西方人权文化的重要中和与超越，在疫情防控中得到了积极展现。